JN058973

叶ったつもりでワクワクするだけ

人生が変わる

予祝（よしゅく）のまほう

眞柄 真有奈

YOSHUKU NO MAHOU

日本実業出版社

「ワクワクする」という気持ちは、
あなたの中からしか生まれてこない。

小学生のころの「将来の夢」という作文が嫌いだった。

「ラジオが好き」と言ったら、

「じゃあ、ラジオのＤＪになりたいって書いておきなさい」

と先生に言われて、無理やり書かされた。

本当はラジオを聴くことが好きだったのに……。

就職活動のとき、会社の人に好かれそうな
「志望動機と将来のなりたい姿」を答えることに
違和感を覚えていた。

たとえその会社に、
心から行きたいと思っていなくても、
そういう「ふり」をしないと
うまくいかないと聞いたから。

どんなに忙しくても、
周りも忙しいし、申し訳ない気持ちになるので
仕事を断れなかった。

頼ってもらえるのはありがたいし、
誰かに認めてもらうことで
自分の価値や居場所ができる気がしたから。

子どもが生まれて、時短の仕事になった。
子どもはとっても可愛いけれど、
パートナーの会社では育休を取る前例があまりないので、
私が働き方を変えないといけなかった。

心も体も変化に追いつくことが大変すぎて、
いっぱいいっぱいになっていた。

ゆっくりと自分の時間を持てるようになるには、
あと何年かかるかな……。

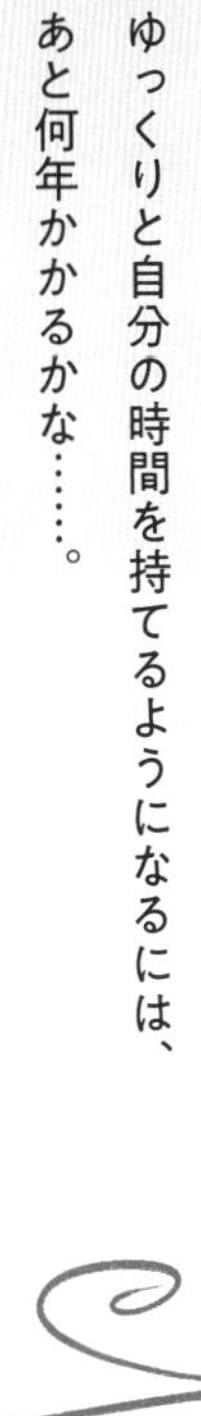

テストの点数、偏差値、仕事の評価、自分の役割……
思えば子どものころから、周りの大人が
「それはいいね」
と評価してくれるようなことを大切にしていた。

いつしかそれが
「そうしなければならない」
というルールに変わっていった。

もちろん、それが悪いとは思わない。

いい経験ができたと思うし、
一応、ちゃんとした（ふうな）大人を
やれていると思う。

でも、
いつもどこか満たされないような感じがするのは、
なぜだろう？

誰かに褒められたり認められたりしないと、
自分を肯定できない気がする。

どうしたら誰かに、何かに頼らなくても、
ちゃんと心が満たされるんだろう？

みんなどうしてるの？

この答えはあなたの外側の世界にはありません。

問題を解くカギになるのは、
あなたの内側にある
「好き！ やってみたい！」という
ワクワクした気持ちです。

なぜなら、ワクワクした気持ちは、
誰かに押しつけられて生まれるものではなく、
あなたからしか湧いてこない、
貴重な人生の道しるべだからです。

大人へと成長する過程で閉じてしまった
心の内側にある
「本心の扉」を開けに行くには
「ワクワクした気持ち」という
カギが必要です。

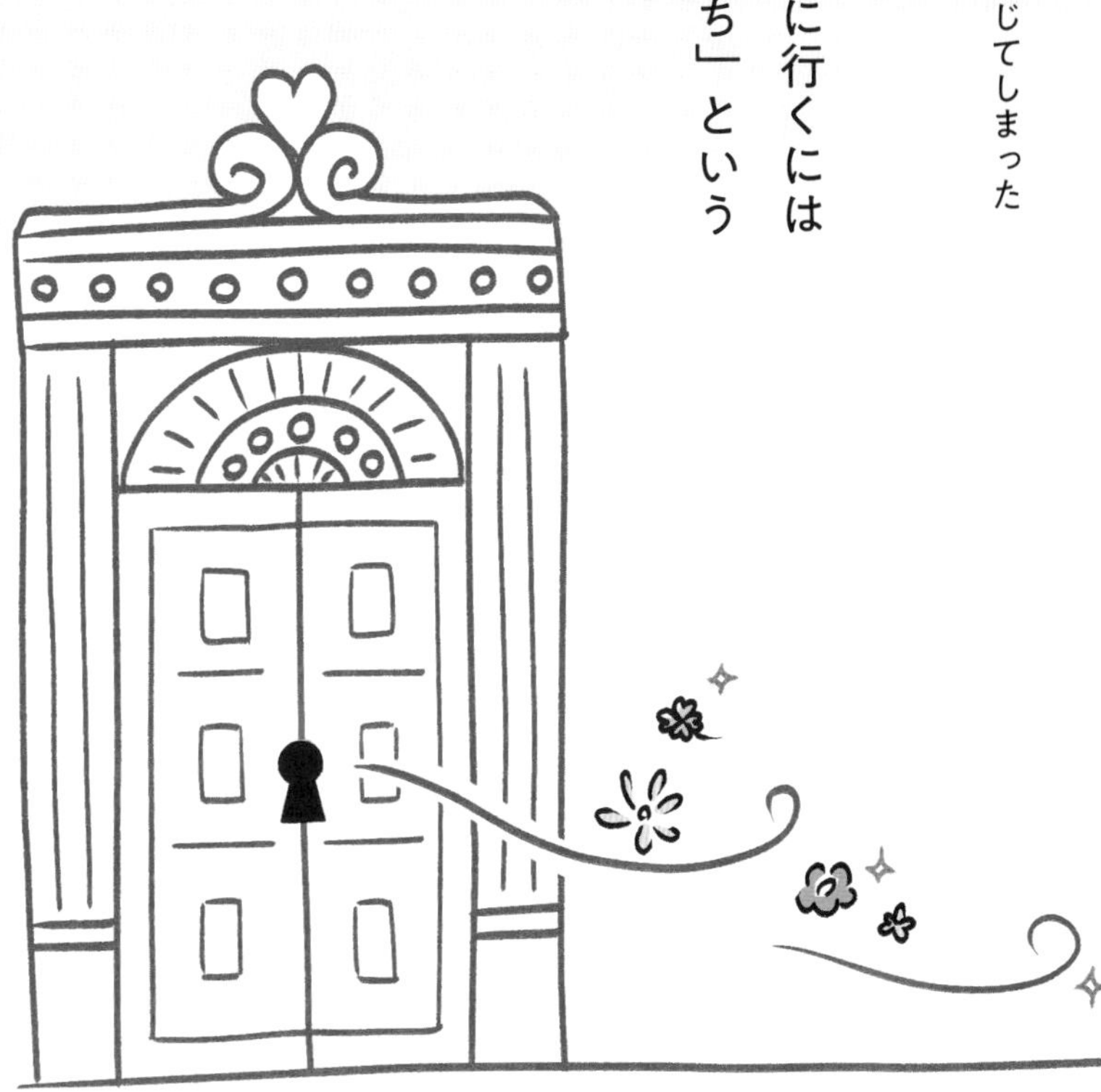

「予祝」で、あなたの本心にある
「好き！ やってみたい！」という感覚を取り戻し、
心の底からやりたいと願ったことが叶い、
心豊かに満たされる方法を見つけましょう。

はじめに

◈ 仕事で思うように成果が出せず、ベッドから起き上がるのもつらい状態で無職になったのに、**天職だと思える仕事に出会って起業**した

◈ 会社員からフリーランスになったものの経費を捻出するために生命保険を解約するほどだったのに、**家も車も購入し、多くの人と共に仕事をするように**なった

◈「私なんてもう、この世からいなくなってもいい。価値なんてない」というところまで追いつめられていたのに、**大学で特任准教授として学生たちの背中を押す**立場になった

◈ 見た目にコンプレックスを抱えて何度ダイエットをしてもうまくいかなかったのに、**10キロの減量に成功し、国内のビューティーコンテストで優勝して世界大会に出場**した

実はこれ、すべて私自身のことです。

そしてこれらは、「予祝（よしゅく）」によって叶えられました。

8年前までの私は、仕事がうまくいかず、人生どん底。無職・コネなし・貯金なし・スキルなしのアラサーでした。そんなとき、たまたまノートとペンだけで望みが叶う「予祝」の存在を知り、ひっそりはじめたのです。

「予祝」は、ノートを開き、自分の理想を心に聞いて書き出し、叶ったつもりでワクワクするだけでできるものです。実際に叶ったら「ラッキー！」と喜び、感謝し、また叶えたいことを書く……。お金も時間もかからないシンプルなこの行動が、私の人生を変えてくれました。

本書では、「予祝」とは何か、どのように行うのか、どんな効果があるのかについて探求していきます。さまざまな実例や実践的なアドバイスを通じて、あなたの人生に予祝を取り入れてください。

「**なぜ叶うのか、という仕組みや効果などを先に知りたい！**」「**そんなかんたんに叶うなんてうまい話があるの？**」という理論の部分が気になる方は、ぜひ第1章をお読みください。きっと「予祝を試してみたい」と、思っていただけるはずです。

「**理論は脇に置いて、とにかく早く実践してみたい！**」という方は、第2章からお読みいただいてかまいません。

予祝したことが面白いほど叶うので、私はいろいろなやり方を研究し、大学のライフデザインの授業にも取り入れました。

そして、「この素晴らしい予祝をたくさんの人に活用してもらうことが、私の人生の目的かもしれない！」と考えるようになったのです。

自分の心に従うのは難しい。でも、「予祝」を使えばかんたんに心にアクセスできる。心に従った願いが叶うことがわかれば、自分の人生の可能性を楽しむ人が増える。そんな人が増えれば、社会全体に前向きなエネルギーがあふれ、私たちの子どもたちに対して、よりやさしく創造的な社会を残すことができるのではないか？


本書では、未来の喜びを先取りして味わい、前向きな精神をつくるという日本の伝統文化の「予祝」の方法をみなさんにご紹介します。何気ない日々の瞬間から重要な節目まで、予祝は私たちの人生や心にエネルギーをもたらし、心豊かな新しい未来を自分の力で創り上げることができると実感してもらえるはずです。

あなたの心に従った豊かな未来を創造するための第一歩を、ぜひ本書と共に踏み出していきましょう。

目次

叶ったつもりでワクワクするだけ　人生が変わる予祝のまほう

はじめに

第1章◇予祝とその効果

1 「予祝」とは何か？ 24
2 予祝はなぜ叶うのか？　認知機能を知って使いこなそう 26
3 なぜ予祝が人を幸せにするのか？ 36
4 予祝は主体性を育むモチベーションマネジメントの1つ 39
5 予祝を習慣にすれば心のレジリエンス（回復力）が向上する 42
6 予祝に必要な3因子 45

私の予祝エピソード❶
予祝日記を続けたら感情のマネジメントができるようになり、
人間関係がよくなりました 54

第2章 ◇ 叶う予祝を書くための5つのポイント

1 叶ったときの気持ちを思わず顔がニヤけてしまうくらいリアルに書く 60
2 予祝は過去形または現在進行形で書く 63
3 他人を変えようとせず、自分のことを書く 66
4 好きなことを好きなときに好きなだけ書く 68
5 書いたらいい気分を味わって、忘れる 77
私の予祝エピソード❷
ハレのときだけでなくケのときの予祝で、
「今やるべきこと」に対するやる気を維持できています 80

第3章◇予祝マインドを育て、願いが叶いやすくなる10の体質改善

1 「心願ちゃん」が安心して出てこられる土壌を整えると決める 84
2 パジャマや下着をお気に入りのものに新調する 87
3 不満や愚痴は「闇ノート」に書きなぐって全部出す 91
4 セルフパワハラをやめる 95
5 「私は私のままでいてもいい」を心の中で唱える 101
6 「わからない」という答えを許可する 104
7 「ちゃんと・準備ができたら・一番いいのを見つけたら」をやめる 108
8 SNSは見る時間を決めてロックをかける 113
9 SNSは「私のためのネタ帳」だと思って眺める 116
10 無意味だけど気になることをはじめる（ただし、いつやめてもよい） 119
11 後悔しない予祝とその選択に必要なこと 122
私の予祝エピソード❸
諦めかけていたのに、予祝から3日で将来につながる大きな仕事のオファーがきました 126

第4章◇書かなくてもできる3つの予祝ワーク

1 仕事仲間や友人・子どもと一緒にできる「予祝インタビュー」 132
2 好きな画像を集めた「予祝ビジョンボード」をつくる 138
3 仕事中でもバレずにこっそりできる「予祝ミーティング」 143
4 リーダーシップ開発にも効果的な予祝とEQの関係とは 146
5 チームメンバーが自分の望まない予祝をしたらどうする? 148

私の予祝エピソード❹
職場で年初に予祝をしたら、
不安が消えて常識にとらわれないアイデアが浮かぶようになりました 150

私の予祝エピソード❺
55項目の理想のパートナー像を予祝したところ、
52項目に当てはまる相手が見つかりました 154

第5章◇予祝したあとの効果的な過ごし方と叶い方

1 予祝が叶う3つのルート 160
2 キャリア・デザインとキャリア・ドリフトの使い分けと予祝 166
3 予祝の内容の違いで叶いやすさに差は出るのか？ 169
4 予祝後の効果的な過ごし方とブロックちゃんの対処法 171
5 セルフコーチングで不安を軽くすればリスクや失敗に備えられる 183
6 やることを1つ決めたら、やめることも1つ決める 189
7 結果だけではなく、過程を楽しむ工夫をする 192
8 なかなか叶わないときに試してみてほしいこと 194
9 いい気分で過ごすことに専念しよう 197
10 予祝を叶えることで人生を展開させていく人はどんな人？ 199

おわりに

カバーデザイン　沢田幸平
イラスト　村山宇希
本文デザイン・DTP　初見弘一

第1章 ◇ 予祝とその効果

「予祝」とは何か？

まず、「予祝（よしゅく）」とは何かについて説明します。漢字では「予め（あらかじ）祝う」と書きます。東北地方や沖縄県などの地域によっては「前祝い」という言葉でなら聞いたことがある方もいるかもしれません。

神道学や芸能の資料によると、「予祝」とは農業において作物の豊作や多産を祈る祭礼や神事で、田遊びや田植え踊りなどと一緒に、農耕儀礼の1つとして「予祝行事」が行われていたそうです。そう、「予祝」とは日本古来の文化なのです。

例えば、「お花見」。ただ桜の花を愛（め）でるのではなく、満開の桜を秋の五穀豊穣に見立てて先にお祝いをすることで、「未来はどうなってしまうんだろう？」という不安を払（ふっ）しょくし、前向きな気持ちで仲間と一致団結して、日々の農耕に励むというマインドセットの1つだったのです。

ほかにも、家を建てるときの「上棟式（じょうとうしき）」があります。これは、棟上（むねあ）げまで工事が終わったことに感謝し、残りの工事の安全や、建築後の家内安全を祈願し、「この家で幸せに暮らせるだろう。楽しみだね」と、家族や工事関係者みんなで気持ちを楽しく前向きに整えることが目的です。

「お食い初め」も子どもが将来食べ物で困らないよう、御馳走を用意して先にお祝いをする行事です。当然、昔のほうが厳しい環境で生活していたので、子どもが成人する確率は今よりもずいぶん低いものでした。そんな不確実で不安な未来の視点を切り替えて、「きっとこの子は元気に育つね」と、安心をもたらす効果があったのではないでしょうか。

特に東北地方などの雪が多く寒さの厳しい地域では、予祝行事が多彩だったと言われています。それだけ、その地域での稲作が大変だったからです。農業の豊凶がそのまま生死に直結する環境だったからこそ、四季折々さまざまな予祝行事を行っていたのですね。

今も、厳しさの尺度は違ってもＶＵＣＡの時代と言われる変化の激しい生活環境です。古人に習い、理想的な未来を祈り、お祝いする「予祝」によって、健全で前向きな精神を整えることには、**生活への向き合い方や生き方をよりよくしてくれるヒントがたくさんある**と私は考えています。

予祝はなぜ叶うのか？認知機能を知って使いこなそう

「予祝とは何かわかったけれど、ただのポジティブになるマインドセットであって、叶うかどうかはわからないじゃないか」と感じるかと思います。

ここでは「予祝」が叶う理由とされる、３つの認知機能を紹介します。

叶う理由１ 前提と感情：「運がいい人」の研究より

突然ですが、今から２つの質問に回答してください。

質問１ あなたは「運がいいと思う人（または運が悪いと思う人）」を知っている、あるいは、そう思う出来事を見聞きしたことがありますか？

この答えは、ＹＥＳであっても、ＮＯであってもかまいません。目に見えないはずの「運」という存在を肌で感じたことがあるか、感覚的にわかるか、ということがポイントです。そして、感覚的にわかる、知っているということは、存在しているということでもあります。私が教えている大学の学生にもこの質問をしたところ、ほぼ全員が「運」について「何らかの存在を感じたことがある」と回答しています。目には見えないけれど、「運」の存在は、ほとんどの人に認知されているのです。

質問２　本書を読んでいるあなたは、自分のことを「運がいいほうだ」と思いますか？　それとも「運が悪いほうだ」と思いますか？

【質問１】で出てきた非科学的にも思える「運」について大真面目に研究した人がいます。イギリスの心理学者リチャード・ワイズマン博士です。博士はもともとマジシャンで、マジックの裏に潜む人間心理の面白さに目覚め、ロンドン大学とエジンバラ大学で心理学の研究をし、博士号を取得。「運のいい人」の研究を行い、著書『運のいい人の法則』（矢羽野薫・訳／角川書店／２０１１年刊）などを出版しています。

その中で「運がいい人と悪い人」の比較実験について書かれているのですが、運がいい人は自分のことを、

> 自分の運は、心がまえで決まる。（中略）自分は運がいいと本気で信じている。少し不安になるときもあるけれど、すべてうまくいくとわかっている。

と語っています。

つまり、運がいい人というのは特別な能力があるとか、優れた才能があるとか、人よりも恵まれた環境にいるとかではなく、**「自分で自分のことを運がいい（自分は何とかなる）と思っていること」が、運をよくするための大切な要素の1つ**であることがわかったのです。自分はそうだと心から思うことで、人は開放的になり、チャンスを逃さず、ピンチもチャンスに変える工夫ができるのだそうです。だから、運のいい人は不確定な未来において、何が起きても（起きなくても）「私は大丈夫」と言えるのです。

日本人は予祝をすることで「前向きな精神を整えていた」と前述しました。厳しい環境にあり、ネガティブになりやすい民族だからこそ、意図的に「私たちの未来は幸せだね」と思うことを行事化することで、悲観的な思考習慣を変え、ピンチでもたくましく生き抜く創意工夫の力を身につけていたのだと考えられます。

叶う理由2 仕組み：脳のＲＡＳ機能

「私の未来は明るく、素敵なものだ」と思うことは、それを実現させるうえでも、とても大切です。

脳の仕組みの1つに、網様体賦活系（もうようたいふかつけい）（ＲＡＳ：Reticular Activating System の略）という、情報処理機能があります。この機能をかんたんに説明すると、その人が関心を持っていることに対して、脳はその情報を集めるのに鋭敏になる、というものです。この機能には「快・不快」を判別する能力はありません。そのため、その情報が自分を幸せにしてくれようが、不快にしようがおかまいなし。関心があることは、できるかぎりすべて集めてきます。ある意味で忠犬ハチ公のような、とてもけなげな機能ですね。

例えば、私と夫が一緒に街中を歩いていたとします。私は、セーラームーンというアニメや漫画が大好きです。何気なく歩いていたとしても、セーラームーンのモチーフや好きなキャラクターと似たような配色の雑貨やアイテムがあると、目ざとく見つけることができます。

一方で、車にはまったく興味がありません。私の夫は車が大好きで、一緒に歩いていると「ねぇ！　今すれ違った車、○○の△△なんだよ！　かっこいいよね！」と話しかけてきます。当然、私はどの車のことなのか、そもそもそんな車が通っていたのかすらわかりません。

こんなふうに、私のＲＡＳ機能は、私にとって関心が高い「セーラームーン」についてはとてもよく働いて、たくさんの情報を無意識に持ってきてくれるけれど、「車」については機能していない、ということがよくわかると思います。

また、ＲＡＳ機能は物などの対象についてだけ情報を集めてくれるのではなく、その人が持っている価値観や信念、過去の経験によって思い込んでいる観念なども集めてくれます。つまり、**私たちが見ていると思っている世界は、もれなく自分の「思い通り」に選択して観測している**、ということです。

「人生なんて思い通りにならない」と思う人は、
その通り思い通りにはならないので、
ある意味で思い通りになっています

叶う理由3 経験と選択：推論のはしご

3つ目に、私たちは1つの事実を無意識に自分の都合がいいように解釈して行動している、ということについて説明します。

人は「自分が思っている通りのこと」をRAS機能によって認知しています。そして「自分が思っている通りのこと」の情報が多ければ多いほど、自分にとってはゆるぎない真実だと解釈し、考えを強固にして行動を起こします。それに一役買っているのが、この「推論のはしご」という機能です。

例えば、A子さんは「メイクは好きだけど、私は可愛くないから自分に自信がない」と自分に対して思っています。ある日、A子さんは友人のB美さんから「今日はいつもとメイクが違うね」と、言われました。

A子さんは自分のことを可愛くないと思っているので、「あ、今日の私のメイクはきっと変（＝可愛くないんだ）」と、自分が自分に対して思っている通りの解釈をしました。

A子さんは、B美さんに可愛くないと言われたように感じてしまい、さらに自分に自信がなくなってしまいました。その後も外見について何かの情報を見るたびに、自分の欠点が気になってしまい、「どうせ私が何をやってもムダに違いない」と、好きだったメイクをやめてしまいました。

この話は少し極端ですが、「メイク」の部分を自分がこれまで何かによって諦めたことや、ついつい思ってしまう自分の考え方のクセ（「今の発言や行動って、こういう意味だよね⁉」とつい思ってしまうことなど）に当てはめてみると、イメージしやすいかもしれません。

ここでのポイントは、B美さんの発言は文字だけで見ると決して「可愛くない」とも「あなたのメイクは変だ」とも言っていない点です。A子さんが「私は可愛くない

「推論のはしご」による捉え方の違い

から自信がない」というメガネをかけてB美さんの言葉を解釈しただけです。
「推論のはしご」という表現がされているのは「客観的な事実」が、はしごのようにまっすぐと「自分の思い込みによる認知メガネ」の通りに「自分なりの論理的な解釈」がされて「真実だと思い込み」、その後の「行動にも影響」するためです。

「X」と言われた（客観的な事実）
「私って〇〇な人だから（自分の思い込みによる認知メガネ）」
「Yってことに違いない！（自分なりの論理的な解釈＋真実だという思い込み）」
「それじゃあ、こうしよう（行動にも影響）」

このようにB美さんの「いつもと違う」という言葉の事実は1つですが、「どのように解釈するか」は、受け取り手であるA子さんが、自分をどんなふうに認知しているかが重要なのです。

特に日本人は「空気を読む」ことが上手です。それは自分と周りが同じ考えだろうという前提があるからですが、それでも人の受け取り方は千差万別です。同じことが起こっても「チャンスだ！」と思う人もいれば「大ピンチ！」と思う人がいるのは、認知と経験によってつくられた「推論のはしご」が人それぞれで違うからです。

この機能で最も大切なことは、**いつでもどこからでも、自分が持っている「推論のはしご」による解釈を選択し、変えることができる**、ということです。自分はどんな認知のメガネをかけているのかに気づけば、メガネをかけ替えるだけでいいのです。その方法については、本書を通して説明していきますね。

なぜ予祝が人を幸せにするのか？

ここまで、予祝に関わる3つの認知機能について説明してきました。認知機能を無理に変えようとするのは難しいですが、予祝を使えばかんたんです。特別な才能は必要ありません。

手元にノートとペンがあれば（スマホのメモ帳アプリでも）ＯＫです。

無職になって体も心もボロボロ、収入もなくて人生を絶望的に諦めていた私ですが、何かあるたびに予祝をしてきたことで、本当に心豊かで望ましい方向に変われました。それは、予祝によって自分の認知に自覚的になり、悲観的だった物事の捉え方や考え方を変換し、「私の人生は味わい深く素敵なものだ」という解釈ができる状態になったからだと思います。そのおかげか、これまでは不安や恐怖でできなかったチャレンジングな行動も徐々にできるようになりました。

ここで1つ、マザーテレサの名言を紹介します。

思考に気をつけなさい、それはいつか言葉になるから。
言葉に気をつけなさい、それはいつか行動になるから。
行動に気をつけなさい、それはいつか習慣になるから。
習慣に気をつけなさい、それはいつか性格になるから。
性格に気をつけなさい、それはいつか運命になるから。

予祝は、この起点となる「思考」を変えることができる、とてもよい練習です。

私たちの日常は、さまざまな情報であふれていますが、すべての情報をそのまま受け取ることはできません。だからこそ、身体に備わっている機能を使って無意識のうちに「どの情報を得るか」「その情報をどう解釈するか」を瞬時に選択しています。

私が書いている予祝ノート

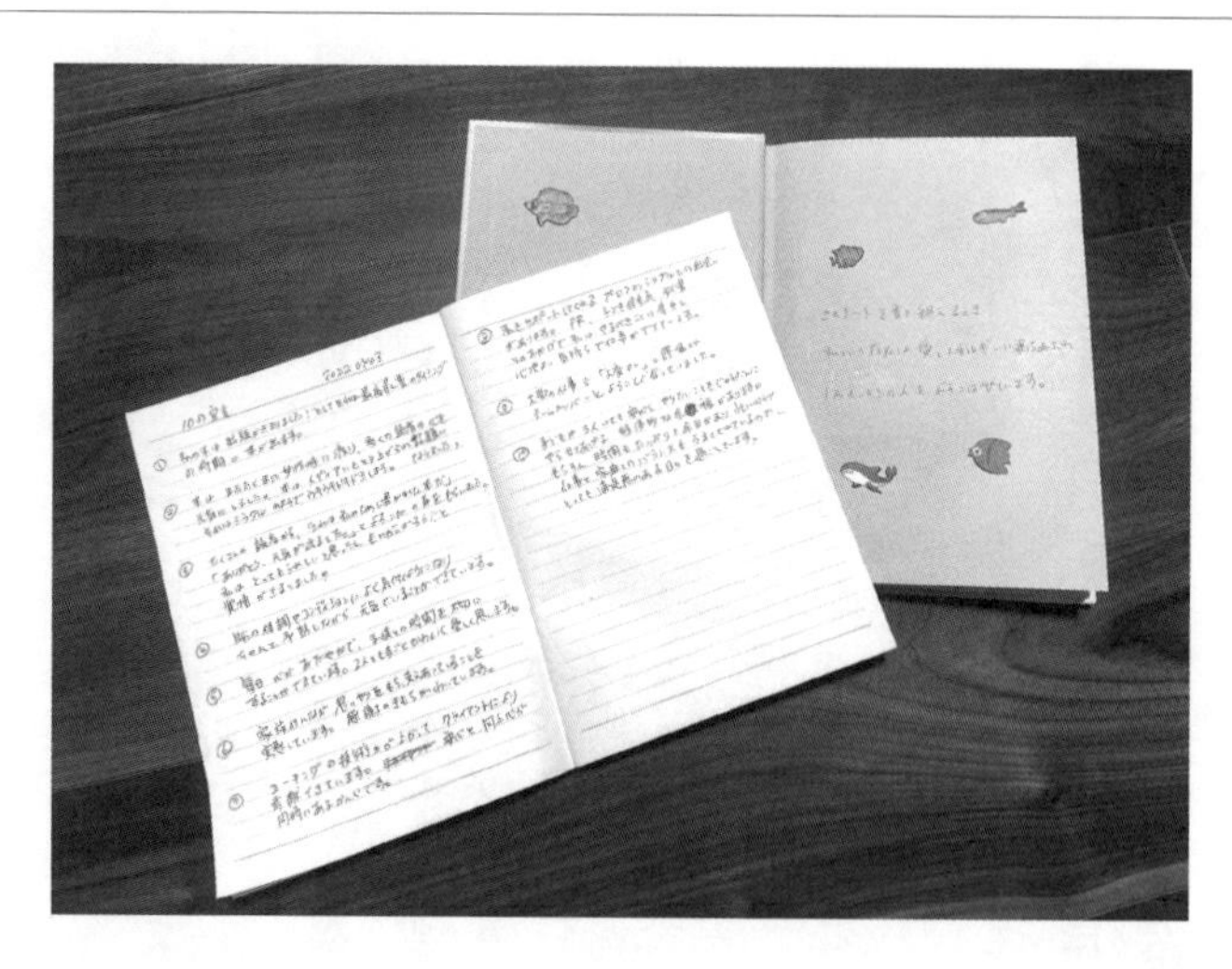

予祝を日常に活用すれば、自分が思い込んでいる物の見方をワクワクして楽しい、より望む方向に変えることができます。

私自身、自分の予祝が年々加速して叶うようになったのも、もともと持っていた「私なんて価値がない人間だ」という思い込みを、望む方向に書き換えたからだと実感しています。

予祝は人生を望む方向に変えるだけではなく、自尊心をアップさせる方法なのかもしれませんね。

予祝は主体性を育むモチベーションマネジメントの1つ

コーチングを提供していると「(仕事ややりたいことへの) モチベーションを上げたい」という相談をよくいただきます。モチベーションとは、日本語で「やる気」や「意欲」のことです。

ですが、相談にくる方が本当にほしいのは、**「モチベーションそのもの」ではなくて、モチベーションが上がることで、自分の行動が変わり、それによって得られる結果**です。

例えば、「やらされ仕事ではなく、自分が本当に好きなことを仕事にして生活できるようになりたい。そのために副業にチャレンジするモチベーションを上げたい」という方がいたとします。

この方が得たい結果とは、**「好きなことが仕事になっている」という【状態】**ですが、それだけでは動けない方が多いのです。頭では今すぐやればいいとわかっているけれど、「うまくいかなかったら?」「上司にバレたら会社を辞めると思われて評価が下がるかも」「好きなことは仕事にしないほうがいいって聞いたことがあるしな……」「そもそも自分はそういうことができるタイプじゃないな」など、理路整然とした、もっともらしい否定が自分の中から出てきて、停滞してしまうのです。

そこで、「モチベーションを上げることで、行動が止まってしまう問題がクリアできるのではないか?」と期待するのです。でも、それは違います。**私たちが本当に得たいのは「好きなことが仕事になっている」という【状態】から得られる【気持ち】です。**それがないと人は納得感を持って(腑に落ちて)動くことが難しいのです。

例えば、自分の好きなことを仕事にできたことへの

- 「やったー! うれしい!」という喜び
- 「好きなことで収入を得られるんだ!」という解放感
- 「自分の意志で新たな自分の道を切り開けた」という達成感や充実感

を感じたいのです。これらの本当に得たかった感情が、頭と心をつないで自分を動かす原動力であり、モチベーションのスイッチなのです。

もともと農耕儀礼としての予祝行事も唄や演舞を行っていました。こうすることで、頭で考えるだけではなく、身も心も「そうなりきって」いたわけです。

つまり、予祝を日々の仕事や生活に取り入れることは、**自分のモチベーションのありかを自己管理できるようになること**でもあります。予祝によって目標を見つけ、自分の本当のモチベーションスイッチを押す深い内省力を身につけることができます。そうすることで「誰かに言われたから」「そういうルールだから」ではなく、「ほかの誰でもない自分のために頑張れる自分」を育てることができるのです。


予祝によってモチベーションのコントロールができるようになってくると、次第に肩に力を入れなくても、自分らしく仕事や生活をすることができるようになります。定期的に予祝を行うことで、自分の心の声を聞いて内省する力が身につき、自分の人生を主体性を持って創り上げることができるという自信を手に入れることができるのです。

5 予祝を習慣にすれば心のレジリエンス（回復力）が向上する

自分を知るということは、自分自身を大切に扱うということでもあります。自分に対して思いやりや慈悲の心を持って接するという「セルフ・コンパッション」の研究によると、自分に対して理解とやさしさを向けることで、心身の健康やレジリエンス（回復力）が向上するという結果があります。

予祝は一人でも集団でもできますが、一人で予祝をするときは、自分自身にこう問いかけます。

「**今、私は何を望んでいますか？**」

そこから出てくる答えは、誰かに言われたことでもなく、社会が正しいと言っている（ように思える）ことでもなく、ただ一人の今の自分の正直な気持ちです。

普段の生活を考えてみると、何の忖度(そんたく)もなく、誰かに非難される心配もなく、安全に正直な自分の気持ちを表に出す機会は、実はほとんどありません。

望みを出すことに慣れないうちは、そもそも自分の望みが何なのかわからなかったり、誰かに見られるわけでもないのに、書いた望みの内容に対して批判や評価をされるような気持ちになってしまうことがあります。

・本音を言うと少し休みたい（やることがいっぱいあるのにいいのかな……）
・もっと自分の好きなことで成功したい！（現実社会は厳しいから夢見がちかな）
・バリバリ昇進するよりも、家庭を大切にしたい（やる気がない人って思われるかな）

文字として書き出して、客観的に見ることで、自分の本音を出すことに慣れていない抵抗感と、やっと出せたという開放感の両方を感じることができるでしょう。

書き進めながら「ちょっと違うな……もう少しこうかな……」と心からの望みに近づくことができます。

はじめから「これだ！」というものが思い浮かばなくても、自分の気持ちを探りながら書くことは、自分で自分を認める行為そのものであり、心を癒す効果があります。

ポジティブなことや、よいことを書くのが正しいやり方ではなく、自分の素直な望みや気持ちを大切にしてあげることが何よりも大切です。

予祝の習慣を身につけることで、仕事や日常生活など、外の世界でどんなに疲れたり傷ついたりしても、「自分にはいつでも自分をやさしく受け止め、ときには励ましてくれる最大の味方である〈私〉がいる！」という心の安心の基盤をつくることができるのです。

予祝に必要な3因子

予祝はさまざまな方法で行えますが、予祝をするために必要な3因子があります。

それは、①「**うけいれ**」、②「**あじわい**」、③「**たのしむ!**」因子です。

第1因子 「うけいれ」――自己受容と思いやりの因子

まず、1つ目に紹介する因子は、自分の存在そのものを大切にする自己基盤形成のための「うけいれ」因子です。これは、アメリカの心理学者マーシャル・ローゼンバーグ博士の自尊感情の研究を参考にしています。ローゼンバーグ博士は、自尊感情には2種類あり、他者との比較で得られる優位性を「Very Good（とてもよい）」、強みや才能があるところも、そうでないところもすべて認め、そして、自らの命そのものに価値があると感じることを「Good Enough（これでよい）」としています。

私たちは物心ついたときから、学校や社会において常に他者との比較を強いられる環境にいます。「Very Good(とてもよい)」のモノサシは上手に使いこなしていますが、存在そのものに価値を感じる「Good Enough（これでよい）」を使うことには、あまり慣れていません。

自分を知り、受け入れる手段として、就職活動での自己分析や、会社での評価面談のときに振り返りを行うことはありますが、そのほとんどが「入社」や「会社の目標」に対しての振り返りであり、他者と比較したうえで自分がどれだけ機能したか、成果を出せたか、という機能的な価値にフォーカスされています。

予祝するためのマインドの1つ目の因子として、この「Good Enough（これでよい）」と「Very Good（とてもよい）」を双方バランスよく持つことを推奨します。

自らの存在そのものに価値を見つけるためには、まずは自分のあらゆる側面を「知ろうとする気持ち」を持ってあげることが大切です。

「自分の弱い・嫌だと感じる面を知ってしまったら、自分のことが嫌いになってしまうのではないか？」と思う方もいるかもしれません。しかし、それは自分で自分の存在の一部を拒否しているということにほかなりません。よい面ばかりに光を当てているると、関心を寄せてもらえない部分の自分はどうなるでしょうか。あなたの中にいるのに、あなたに認めてもらえず、心の隅で寂しい思いをしているかもしれませんね。

現実世界で寂しい思いをしている人がいたら、何かせずとも、そっと寄り添うことが効果的なこともあります。自分自身に対しても同じです。何か特別なことをするのではなく、そういった部分も「あるんだね」と寄り添う、思いやりの心を持つことが大切です。

このように自分を知ろうとすること、そして思いやりを持って接することには、実は勇気と覚悟が必要です。覚えておいていただきたいのは、私たちが生まれてから死ぬまで、最も長く付き合うのは自分自身だということです。自分を受け入れ、思いやりを持って「寄り添う」と決めることは、長い人生の時間を豊かにする力強いパートナーを獲得するのと同じことです。自分に思いやりを持つことは、今すぐにでもはじめることができます。

さぁ、さっそく「私は私を大切にする」と心に決めてください。

第2因子 「あじわい」――マインドフルネスと創造性の因子

2つ目に紹介する因子は、不安や恐れを取り除き、可能性を拡げるための「あじわい」因子です。私たちの不安や恐れは、どこからくるか知っていますか。それらは「過去と未来」からやってきます。

過去からの不安や恐れは、「タラ・レバ」という言葉で出てきます。

・（時間・お金・才能・他者からの目・世間体）が○○だったら……
・あのとき○○していれば……

未来からの不安や恐れは、「かもしれない・もしも・どうせ○○に違いない」という言葉で出てきます。

・このままでは、うまくいかないかもしれない……
・もしも○○が起きたら？
・どうせ私なんて、○○に違いない

これらの言葉からわかるように、「現在」にはまったく何も起きていないことを、過去の経験や世間で起こっている事象から「予想」し、それが起こっているかのように考えてしまいます。これは、**すべて頭の中で起こる「私の失敗物語」**です。予祝をするとき、私たちは心が望む理想の未来のことを考えますが、そのときに、この失敗物語が出てくると、とたんに気持ちがしぼんでしまいます。

前述の通り、予祝で大切なのは**身も心もなりきること**です。今は失敗物語で出てきた不安や恐れは、何も起こっていません。もしも失敗物語が出てきそうになったら、いったん棚上げして、**今ここに集中するマインドフルな環境**を自分につくってあげましょう。

マインドフルな環境であれば、人は本当に自由で豊かな思考力を発揮することができます。**頭で想像力豊かに考えたアイデアを、心で感じ取って採用するかどうかの判断をします**。その人にとって叶いやすい予祝の内容とは、ワクワクと心がときめいたり、想像すると思わず顔がにやけたり、涙が出たり、鳥肌が立つもの。叶った状態になりきったら、しっかりとそれを味わいます。頭と心が統合された予祝に慣れてくると、想像した時点で心や身体が反応するので「これはイケるやつだ！」とわかるようになります。

以前、予祝に関するインタビューをしていたとき、新規事業開発のコンサルティングをしている方が「うまくいったあとのことまでありありと想像できる新規事業は大体その通りになる」とお話ししていました。身体感覚で叶うことがわかってくるようになると、日常生活もさらに楽しみになりますね。

第3因子 「たのしむ！」――主体性とユーモアの因子

3つ目の因子は、肩の力を抜き自然体で前に進むための「たのしむ！」因子です。予祝で望む未来を味わったあと、何の行動も起こさずに終わりではありません。自分の望みにはいつでも主体的でいましょう。ただし、**ビジネスの目標設定やアクションプランと違うのは、起こす行動は必ずしも望みに直接紐づいていなくてもよい**、ということです。ふと頭に思い浮かんだことでかまいません。予祝後に思いついたことは、どんなに小さなことでもよいので、実行してみてください。

これは、実際に叶った私の予祝です。

「仕事で自分のことを本当によく理解してくれる、ＰＲに強いビジネスパートナーと出会って、より一層楽しみながら仕事をしています」と予祝をしました。

もしもビジネス思考でアクションプランを考えたのであれば、「周りにそういう人がいるかどうかを聞いて回る」「自分から気になる人にコンタクトを取る」になるでしょう。もちろん、それをするのはとてもよいことです。

予祝の面白いところは、自分で思いつく以外の可能性で叶うことも視野に入れておくという点です。

私は予祝後、普段通り仕事をしていました。ある商談の席で自己紹介をうながされ、何気なく「私、将来はこんまりさん（『人生がときめく片づけの魔法』の著者である近藤麻理恵さん）のような女性になりたいんです」とお話ししました。

すると、商談後に、同席していた方の一人が、後ろから駆け寄ってきて「こんまりさんみたいになりたいって言っていたよね？　実は昨日、こんまりさんの会社の方に偶然お会いして、誰かPRでサポートする人がいたら紹介してって言われたんだよ」と、たいそう驚きながらお話しされました。「まるで、あなたにその方を紹介するために、私が中継ぎとして出会ったみたいだね」とおっしゃっていました。

その後、無事に素晴らしいPRパートナーと一緒にお仕事をすることができ、この出版が叶いました。


詳しくは第5章で紹介しますが、こんなふうに予祝したことの叶い方の中には、自分のまったく予想していなかった方向からチャンスがやってくることや、アップデートされてより望ましい形で叶うことも多々あります。まるでRPGゲームのように、酒場の棚に伝説の秘宝が隠されていたり、どこにでもいる町人に話しかけたら「鍵」

のありかを教えてもらえたりと、思いもよらぬ叶い方もたくさんあります。

このような予期せぬ叶い方を受け入れるためには、**肩の力を抜き、叶うルートを自分で決めつけないことが大切です。**例えば、人生を振り返ったとき、苦しさやつらさを感じた出来事が、あとから自分の成長につながったり、思わぬ幸運の前触れだったりという経験をされた方もいらっしゃると思います。私も高校受験で第一志望校に推薦で落ち、しぶしぶ滑り止めで入った高校が入学してみると最高に面白く、そして、のちの人生につながる大切な人との出会いもありました。

このように、**一見不快な出来事やトラブルがあっても、それを面白がるユーモアがあれば、格段に予祝は叶いやすくなります。**

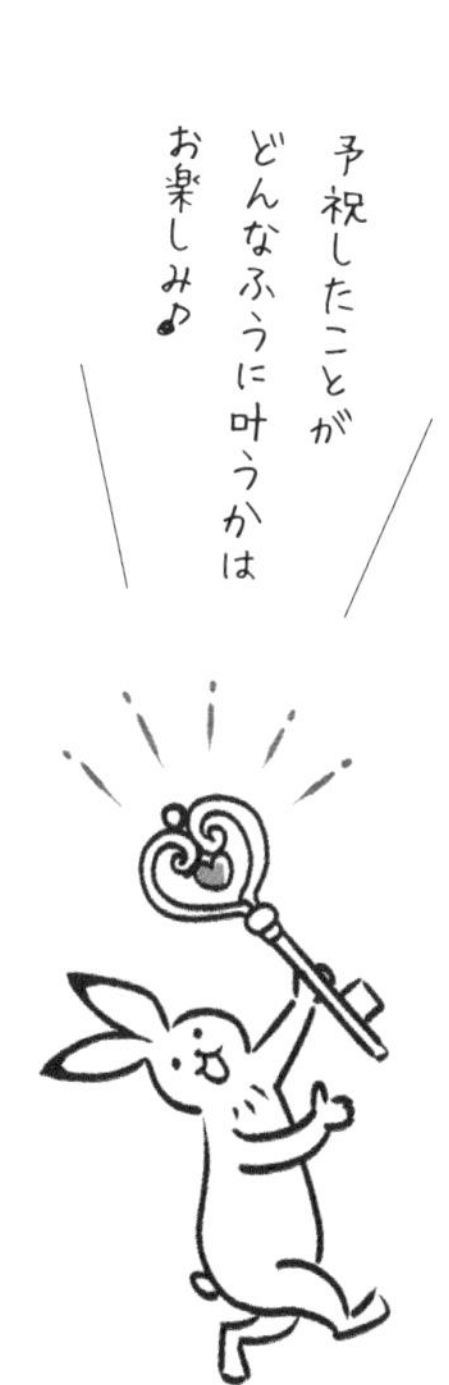

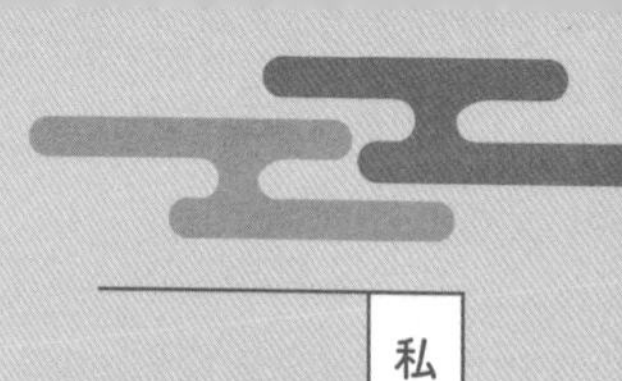

私の予祝エピソード❶

予祝日記を続けたら感情のマネジメントができるようになり、人間関係がよくなりました

予祝のためのマインドに必要な3因子が、素晴らしく発揮されたYさんの予祝エピソードを紹介します。

＊　＊　＊

予祝を知ってから3か月。日々の生活に予祝を取り入れる習慣ができました。一番変わったなと感じるのは、自分の大切な人たちとの人間関係です。

仕事は充実しており、周りの人ともよい関係を築けていましたが、なぜか家庭ではパートナーとうまくいかず、イライラしてきつい言い方をしてしまっていました。

また、子どもがまだ小さいため、突発的な体調不良での予期せぬ呼び出しも多く、その対応に追われて、「私ばかりこんなに頑張っているのに！」と、なんとも言えない怒りと虚しさを感じながら、看病をすることもありました。このようなとき、一番つらいはずの子どもに対して、そんなふうに関わってしまう自分に、自己嫌悪を感じていました。

それが、予祝を取り入れてから3か月で、徐々に変わっていきました。

ある日、朝の身支度を終えて、大急ぎで子どもを保育園に送らねばならないとき、突然自転車が壊れてしまいました。

もしも予祝を知る前の私だったら、「こんな忙しいときに最悪！　早くタクシーを呼ばなきゃ！」とネガティブな気持ちになっていたと思います。

ですが、予祝が習慣化していたため、とっさに「自分はどんなふうにこのピンチを乗り越えたいかな？」と頭の中で考えました。

「ダッシュで保育園に向かったところ無事に間に合って、いい汗がかけてダイエットにもなりました！　気分爽快です。しかも、ずっと会えておらず気になっていた近所のネコちゃんに再会することができ、＋αでうれしい気持ちにもなりました」

こんなふうに、その場で予祝をしました。

結果、保育園にはタクシーを使わずギリギリ間に合い、清々しい気持ちで仕事もはじめられました。

あのとき、もし不機嫌なまま家を出て、タクシーに乗っていたら、自分が不機嫌であることに気持ちを持っていかれてしまい、そこに対して何の対処もできずに仕事をスタートさせていたと思います。

予祝をすることで、「自分がどんな気分でいたいか？」を選択するクセがついて、気持ちのマネジメントがうまくなりました。

さらに、この効果はパートナーに対しても同じように影響したのです。

自分で自分の機嫌を調節できるようになってきたためか、パートナーに対して過剰な期待も落胆もせず、イライラすることが少なくなり、気持ちよくコミュニケーションが取れるようになりました。

そのおかげか、パートナーのほうから「子どもはぼくが見ているから、好きなことをしてきたら？」と提案してくれるようになりました。子どもが最優先のパートナーなので、私に対して積極的に「自分の時間をつくったら？」と言ってくれたことに、正直かなり驚きました。

予祝をすることで、自分の心持ちが変わり、それが自分の普段のふるまいに自然と現れてくることがわかりました。そして、結果として自分の言動が周りにも影響して、周りも変わっていくということが驚きでした。

「他人を変えることはできない」とよく言いますが、自分の心のあり方が変わることで、自然と他人や自分の見えている世界が変わるということを実感しました。

予祝をすることで、自分の心のあり方の大切さを学びました！

手元にノートとペンを用意して、
予祝をはじめてみよう!

第2章 ◇ 叶う予祝を書くための5つのポイント

叶ったときの気持ちを思わず顔がニヤけてしまうくらいリアルに書く

予祝をするときには、ノートとペン（スマホのメモ帳アプリでもかまいません）を用意してください。そして、自分が望むことを書き出します。

書くときのポイントは、「思わず顔がニヤけてしまうくらいリアルに書く」です。リアルに書くとは、叶ったときの５Ｗ１Ｈ（いつ、どこで、誰が、何を、なぜ、どうした）だけではなく、「どんな気持ちになったか」も、ありありと書く必要があります。

このとき、最も大事なのは「**それが叶ったとき、自分の気持ちがどうなったのか？**」ということです。私たちはロボットではないので、何かをやるときに、頭ではわかっていても、心が動かないと行動できません。だからこそ、叶ったときの「状況」と「気持ち」の両方を書く必要があります。

例えば、予祝したいことが「ダイエット」なら、

× 2か月間で5キロやせます。

○ 2か月間で5キロやせて鏡に映った自分を見たら、新しい洋服を買いに行きたくなりました。今まで「どうせ似合わないから」と諦めていたけれど、試着したらいつもパツパツだった腰回りがすんなりと着られたので、うれしくて買っちゃいました。「ダイエットしてよかった！」って心から思えました。おめでとう、自分！

どちらのほうが「ダイエット」に対してワクワクした気持ちになるでしょうか？文章は長くなるけれど、おそらく後者のほうだと思います。

私もよくダイエットをするのですが、決して「ダイエットそのもの」がしたいわけではありません。ダイエットしたあとに、少しだけスタイルがよくなった自分に感じる「私、偉いじゃん！」という自信や自分への励まし、洋服が着られたときの喜びと

いう「感情」を手に入れたくてダイエットをしているのです。

自分にとって望ましい未来が待っているほうが、「やりたい！」「その未来を手に入れたい！」という気持ちになります。予祝で大切なのは「未来のあなたの気持ち」を先取りして書いてしまうことです。

予祝は過去形または現在進行形で書く

予祝は、すでに叶っていると仮定してお祝いをするのがルールです。そのため、すべての予祝の文章は「過去形または現在進行形」で書きましょう。これは、第１章で書いた「運の実験」「脳のＲＡＳ機能」とも深く関わっています。

例えば、

「結婚したいので、素敵なパートナーに出会えますように」

と書いたとき、私たちの頭の中はどうなっていると思いますか？

「〜したい」「〜ように」というのは、まだ自分ができていないことを書くときの表現です。

こう書いてしまうと、脳の前提は「できていない自分」にセットされてしまいます。そうすると、脳は日常生活を送る中で「パートナーと出会っていない自分」を証明するような情報収集をしてしまうのです。この状態では、よい出会いのチャンスなど、望んでいる未来に必要な情報がやってきてもキャッチすることはできません。

一方で、

「私を大切にしてくれる素敵なパートナーと出会うことができ、毎日愛されてとても幸せです」

と書くとどうでしょう。頭の中は「すでに素敵な人がいて、愛されている自分」にセットされます。すると「すでにパートナーがいる自分」「愛されて幸せを感じている自分」に関する情報を脳が集めるように視点が変わるのです。

予祝によって願いが叶っている視点をセットされた脳は、今までと違う情報を集めようとしてくれます。

よくビジネスシーンでも「肩書きが人をつくる」と言いますが、人はすべての準備

脳のRSA機能を活かす書き方

七夕の短冊のような書き方

「できていない自分」に脳がセットされる

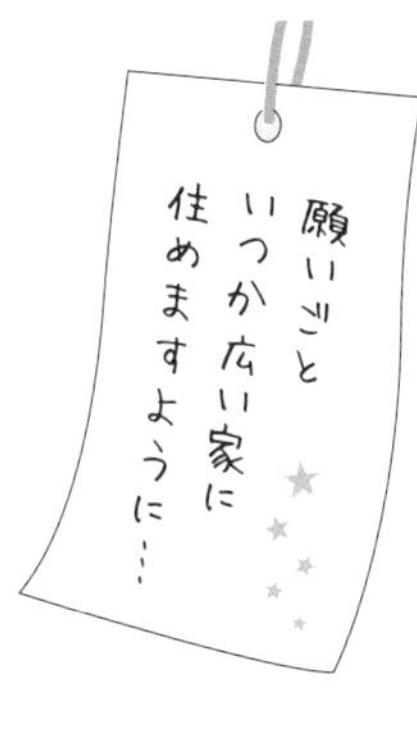

日記のような書き方

「幸せを感じている自分」に脳がセットされる

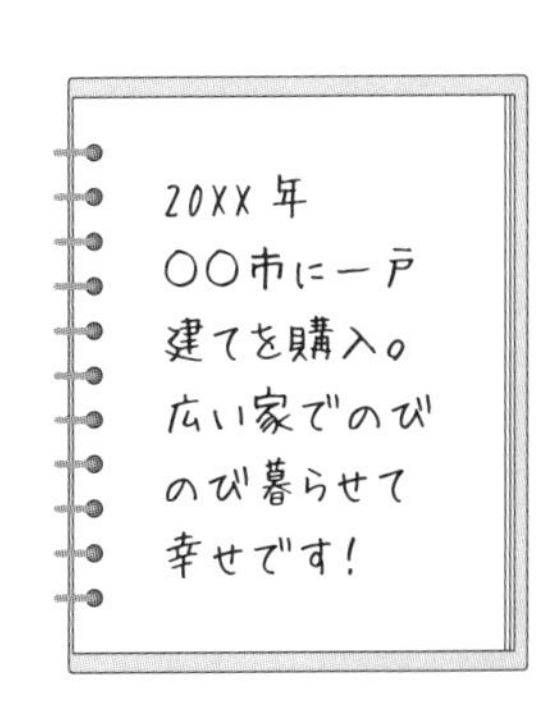

が整ってから変化するのではなく、たとえ未熟であっても、そうなっていると思うことで、自然と振る舞いや思考・行動が徐々に変わっていくのです。

ですから、「叶っていないのに過去形で書くなんて怖い！」「うまくいくかどうかわからなくて不安」と思う方がいたら、それはとても自然なことです。ひとまずここは、不安や疑いの気持ちを感じても「そういうものだから」と割りきって、少しずつ慣れていけば大丈夫ですよ！

他人を変えようとせず、自分のことを書く

誰かが幸せになるのを祈ることは、とても素晴らしく尊いことです。でも、自分の望みのために誰かを意図的に変えようとするのは違います。

ノートに名前を書くと、その人が死んでしまう漫画がありますが、予祝ノートをそのように使ってはなりません。

例えば、会社でとても苦手な上司がいたとします。そのときの予祝の書き方は、次の○のようにするのがおすすめです。

× 嫌な上司が異動になりますように。
○ 嫌だった上司のことが気にならなくなりました。

誰かを自分の都合で変えるのではなく、自分がより望ましい方向に変わることを意識しましょう。望みが叶ったときの状況と気持ちを書けばOKなので、「どんなふうに気にならなくなるか？」までのプロセスは細かく書く必要はありません。むしろ、どんな方法でそれが叶うのかを楽しみにしていてください。ちなみにこの場合、結果としてその上司が異動して気にならなくなった、ということもあるでしょう。

ここで大切なのは、私たちが主導権を握っているのは自分の人生であって、誰かの人生ではないということです。予祝をすることで、「自分の人生は自分で創っていくことができる」と思えると、周りの人を変えようとするよりも、自分が望む方向へ変わったほうが、ずっと早く、楽だということが実感できてくるはずです。

好きなことを好きなときに好きなだけ書く

私たち大人は何かをはじめるとき、無意識に「将来、仕事の役に立つか？」「うまくいく確率は高いか？」「人の役に立つか？」「お金になるか？　食べていけるか？」「現実的に考えて妥当か？」などを考えてから選択をする傾向にあります。

一方、予祝にそのような現実的で論理的な未来予測は必要ありません。おそらく、あなたが想像する以上に、無邪気で、無意味だと思えることも大歓迎します。

私は子どものころから「夢」という言葉の持つあいまいな感じが苦手でした。だから、小学校の「将来の夢」の作文が書けなくて、何とかひねり出して書いた記憶があります。

夢とは、どうせ叶わないもの。選ばれた特別な人が持つものだと思っていました。平凡な私なんて、夢を持っていても空しくなるだけだから、現実を見て地に足をつけて生きていこう、と子どもなのになぜか妙に冷めきった気持ちを持っていました。

でも、体調を崩し、会社を退職して無職になり、予祝を書き出してからふと気がつきました。

一体、いつ、誰が、「将来、役に立つことをしなさい」「人の役に立つことを最優先にしなさい」「お金になるかどうかを見極めなさい」って決めたんだろう？ 先生？ 上司？ 世間？ 親？ 誰でもいいけど、そうやって「うまくいきそうなことで世間様が喜ぶこと」をするのがよい大人なら、「あまりにもつまらない気がするぞ」と。

今の世界を正確に予想できた人なんていないはずです。未来なんて誰にもわかりません。

「私の人生は私が決めていいはずだ。何をどうしたいかくらい、私の好きにさせてもらおうじゃないか！」

そう思ってからは、現実的思考の「大人らしさ」を捨てて、自由に妄想することに挑戦してきました。

あなたも、「私よ、私。本当は何がしたいの？ 自分の人生で、どんな世界を味わってみたいの？」そう自分の心に聞いてみてください。

あなたが書いている予祝は、あなただけのものです。誰かに見せるわけでもないし、それによって評価されるわけでもありません。それなのに、ついクセで「誰かに見られてもいいような内容」「誰かが『いいね』って言ってくれそうな内容」を書こうとすることがあります。

予祝に必要なのは自分の「ホンネ」を書くことです。**自分のホンネを自分が聞いてあげなかったら、ほかに誰も聞いてくれる人はいません。**壮大で素晴らしい、社会貢献につながるような望みの予祝をする必要はありません。ほんの小さなことからでよいので、まずは自分の「純粋で無邪気なホンネ」を、心の中から見つけて書き出してあげましょう。

そうは言っても、どうしたらよいかわからないという方のために、3つのポイントを紹介します。

ポイント❶ 小さなことから予祝をするクセをつける

日々の小さな予祝は、自分に自信をもたらし、大きなチャレンジの礎をつくります。

私が会社員を辞めて、まずやりたかったことは「目覚まし時計をかけずに好きなだけ眠ること」でした。しかし、長年のクセで身体には緊張感が残っており、うまく眠ることができません。そこで「誰にも何にも邪魔されず、思う存分眠れて睡眠不足を感じなくなりました。やっと少し元気が出てきました」と予祝ノートに書きました。

さらに、「その後もしばらくは、自炊した温かいごはんを食べてホッとしました。前よりも健康に過ごせています。ぼーっとする時間が取れて、自分の感覚が戻ってきました」と書きました。

そのくらい、誰にも影響しない、ただただ自分の生理的な欲求からの望みを聞いてあげることを続けました。望みが叶うたび、小さな成功体験が積み上がってゆくのを感じました。そして、「私は私の望みを叶えてあげることができるんだ」と失っていた自信を取り戻すような気持ちになりました。

今はあまり元気がないな、という方がいたら、まずは生理的な欲求を満たすことや安心や安全を感じられるようなことを小さな予祝として望んであげるとよいかもしれません。そのときは、決して「この程度のことすらできてないなんて！」と自分につらくあたったり、卑下したりせず、「そのくらい疲れていたんだね。今、楽にしてあげるからね」と自分に思いやりを持って接してあげましょう。

ポイント❷ 承認欲求も自己顕示欲も何でも許可してあげる

生理的な欲求が満たされてくると、少し行動したくなります。私の場合、会社員を辞めてしばらく引きこもり、小さな予祝を続けたあとは「そろそろ外にでも出ようかな」という気持ちが湧いてきました。ずっと家にいたので、少し運動しようと思い、お金がかからないランニング（といっても少し速い散歩程度ですが）をはじめました。

すると、頑張って走っている自分を誰かに認めてもらいたくなり、それを予祝しました。

そして、たまたま見つけたスポーツブランドが主催している無料のランニングクラスに入りました。初心者から玄人までいろいろな人がいましたが、同じくらいのレベルの人たちと励まし合いながら走れたのと、コーチの指導がとても上手だったため、楽しいクラスでした。

誰かに認めてもらいたい。「すごいね」って言われたい。

こういう欲求が出てきたとき、私たちはついつい「承認欲求を周りに満たしてもらおうとするのはよくないことだ」「自己顕示欲があるのは自分が満たされていない証拠だ」と、よくないレッテルを貼ってしまいがちです。でも、そのときの自分はそうなのだから、自分に嘘をついても仕方ありません。

よいとか悪いとかではなく、「今の自分はそういうことを求めているのだ」と、自分で認めてあげましょう。**自分が認めないから、誰かに認めてもらいたくなっている**ということに気がついたら、半分解決したも同然です。どんなことであろうと、頭の中で思うことは自由です。それをそのまま外に行動として出すかどうかだけ、分別をつけて考えればいいのです。

ポイント③ 空いた時間で、ネタ探しの旅に出かける

ある程度、生理的・社会的な欲求が満たされると、人は「何かしたい」「何かつまらない」という欲が出てきます。それは仕事においても、ある程度手慣れたころにやってくるので、身に覚えがある方もいらっしゃるのではないでしょうか。

今の生活に、ものすごい不自由があるわけではないけれど、大満足というわけでもない。大きなリスクは冒したくないけれど、変化やチャレンジが何もないのも味気ない。「何かしたい」けれど、明確には何なのかわからない……というモヤモヤした気分になります。

これは少し未来の予祝をするのに、ちょうどよい頃合いです。

そんなとき、いきなり自分の中から「これだ！」という欲求が出てくればOKですが、多くの場合は「何が正解なのかわからないお手上げ状態」になります。

こういった場合は、「自分の中にネタとなる引き出しがあるかどうか」を一度立ち止まって考えてみましょう。**予祝をするときは、料理と同じで食材となるネタの準備が大切です。**

同じ食材を使うにしても、自分でつくったり、好奇心を持ってさまざまなお店を食べ歩いてきた人と、料理には関心を持たず、とりあえず食べられればいいやと思ってきた人とでは、どちらがより自分の食べたい料理がつくれるでしょうか。

もちろん、前者ですよね。

自分の未来や生き方についても同じです。世の中にあるいろいろな生き方や未来を見ていれば、「こういう方法もあるのか！」「こんな生き方があるのか！」と自分の引き出しが増えて、それが自分の予祝に活用できます。インターネットを使って、さまざまな生き方や働き方をしている人のブログや配信を見る、本を読むなどして、自分の知らない世界や生き方の「参考資料」として、ネタを仕入れましょう。

「誰かがやっている」ということがわかれば、決してそれが不可能ではないとわかります。ネットサーフィンは、このネタ探しにぜひ活用してください。すきま時間で「何か楽しそうなことをしている人、いるかな？」と探すのはワクワクするものです。

検索ワードも、「自分が好きな言葉×ライフスタイル」などで検索してみましょう。どこかでそれを実行している人がいるはずです。そして、「うらやましいな」「こんなふうになりたいな」というものを見つけたら、「いいネタ見つけた！ これはいただき!!」と自分の頭の中にあるネタ帳に書き込んでおいてください。

もちろん、実際に行動するのもおすすめです。小さいころから興味を持っていたけれどできていないことや、気になっていた習い事、それをやったら自信が湧きそうだなと思っているけれど手を出せないでいたことなどを試してみましょう（この時点では、試すだけで大丈夫。それを仕事にしたり、プロ級に腕を磨く必要はありません。試して違ったら、やめればよいのです）。

最も大事なのは、自分の好奇心のアンテナを磨き、あなたのネタの倉庫の中をいつでもいっぱいにしておくことです。私はこの行動を「興味のつまみ食い」と呼んでいます。

5 書いたらいい気分を味わって、忘れる

叶ったつもりで理想の未来を書いていると、心がホッと安心したり、ワクワクしたり、またはいつもと違う未来の状況にドキドキするかと思います。書き終わったあとは、内容を読み返し、１分くらいの間、胸の中に湧き起こった気持ちをじんわりと味わってください。

「過去形で書けば叶うんですよね？ ハイ、書きました！ おしまい！」なんてことはしないでください。せっかく自分の中から出てきた望みなので、大切に扱ってあげましょう。

私は筆が乗ったときには、書いている途中から感極まって泣いてしまいます。はたから見たら、ノートに文字を書きながらオイオイと泣いているちょっと近づきたくない変な人ですが、一人でひっそりと書いているので気にしません。

そして、「あ〜こんなことが起こっているなんて、私の人生って……なんて面白いんだろう……最高すぎじゃん……」と味わいます（泣きながらノートに何かを書いているかと思えば、顔を上げてニヤニヤし出すので、妄想の強い中二病みたいな感じでしょうか）。

そして、ひとしきり味わったあとは、ノートを閉じていったん忘れます。

予祝で最も大事なことは、「すでに叶っている自分という設定で、意識を上書き保存すること」です。書いたことに執着していると、「まだ叶ってない！　いつになったら叶うの？」「どうやって叶うんだろう？」「予祝をしたんだから、きっと何か起こるはずだよね？」と考えはじめてしまいます。これでは、せっかく「叶った自分」に設定した意識が、もとの「叶っていない自分」に引き戻されてしまいます。

だから、**書いた内容は覚えていますが、予祝をしたことは忘れます**。

そのため、予祝をした内容に対しての行動は、好きなだけしてかまいません。

「運命の人と出会う！」と書いて、家から一歩も出ずに過ごしても、出会う確率は上がりません。だからといって、実現に向けて猛烈に行動しすぎるのも、きっと疲れてしまいます。

日常生活の延長線上で、**願いが叶っている自分がやりそうなことや、これくらいならやってもいいな、と思える程度に行動範囲を広げると願いは叶いやすくなります。**

詳しくは、第3章の10でも解説します。

ちなみに私は、ありとあらゆる場面で、大小たくさんの予祝をしているので、もはや何の予祝をしたかは覚えていません。ただ、過去に書いたノートを見返していると「これもこれも叶ってる!? あれ？ すごいな！」ということがよくあります。その叶ったものたちを見ていると、自ら願いが叶うために必要な行動もしているけれど、偶然の出会いや流れから願いが叶っていることも非常に多いです。だから、「どうやって叶うかは運次第（だって、どうせ叶うんだもの）」くらいの気持ちで、軽やかに過ごしています。

私の予祝エピソード❷

ハレのときだけでなくケのときの予祝で、「今やるべきこと」に対するやる気を維持できています

◇ 自分を追い立ててくるような存在だったTO DOリストから解放され、やるべきことをポジティブにこなせるようになったSさんの予祝日記の例を紹介します。

＊　＊　＊

予祝を知ったときは、スケールが大きくて派手なものがメインだと思っていました。ですが、実際は日常の小さなことでも、予祝をするとモチベーションが高くなると気づきました。つまり、「ハレとケ」両方の場面で、予祝は効果的だったのです。

私が行っている「ハレの予祝」とは、例えば「新年の抱負」や「キャリア目標」「人生の目的」などの抽象度が高く、より長期的で大きな規模のことです。一方、「ケの予祝」とは、長期的な未来ではなく、「今」や「午前中の会議」「家に帰ってからの過

「ケの予祝」ノート（TO DO リスト）

ごし方」など、日常的な生活の中の1つを切り取ったものです。

どちらがより大切ということはなく、どちらもバランスよく使い分けることで、モチベーションが持続できたり、困難を乗り越えたりする心の耐性ができているなと実感していますが、特に「ケの予祝」は、毎日、気軽にできるのでおすすめです。


私は、手帳に毎日書くTO DOリストに「ケの予祝」を取り入れています。

予祝を知る前までは、ただの「やるべきことリスト」でしたが、予祝として書き換えることで、やるべきことへの取り組む気持ちが前向きになり、それまで目に入っていなかった日々の幸せを感じられるようになりました。

実際に私が書いているTO DOリストは81ページのようなものです。こんなふうに書いておけば、朝の時点で「今日はいい日だった」という気持ちになりますし、脳もそれに合わせた情報を集めてきてくれます。

また、プライベートなことに限らず、仕事でも予祝をしています。「ミーティングなどの前に1分間予祝をする」「月曜日の朝に1週間のことを予祝をする」など、ちょっと気持ちを整えるときにも効果的です。

ポジティブな気持ちで日々を過ごせるようになりますよ！

第3章

◇

予祝マインドを育て、願いが叶いやすくなる10の体質改善

「心願ちゃん」が安心して出てこられる土壌を整えると決める

私たちは「リスク・失敗・他者への迷惑」については、よく考えて行動するように子どものころから教育を受けてきましたし、そこに対してはとても敏感に生活しています。この思考のパターンを、本書では「ブロックちゃん」と呼びます。一方で「好き・やりたい・本音」である「心願ちゃん」は抑えたり、隠したり、思っていても出さなかったりすることが多いのではないでしょうか。

だから、予祝で「望みを出しましょう」と言われても、ちょっと難しいと感じたり、出せたとしても、本当に自分の心から出てきているのかわからないなと思ったりすることがあります。

また、ブロックちゃんが自分の中で育ちすぎていると、何かをはじめようとか、願おうとしたときに、「それはやっていて意味があるの?」「ちゃんと価値あるものにできるの?」「継続できなかったら自信をなくすから、やめておいたほうが傷つかなくて済むんじゃない？」など、先回りして行動や願うことすらやめてしまうことがあります。

このブロックちゃんは、基本的にはすべての人の中にいますし、決して悪者というわけではありません。過去に何かで傷ついてきた自分が、また同じことで傷つかないように自分を守ってあげようと必死になっているだけです。

でも、私たちは少しずつ大人になり、自分では気づかないかもしれないけれど、日々成長しています。周りの環境もまったく同じではありません。昔負った傷も、今なら違うやり方で解消できるかもしれません。

前述したように、ブロックちゃんによって「リスク・失敗・他者への迷惑」を考えることは、何度も何度も練習して身につけてきたので、少しだけ得意になっているだけです。

同じように**自分の「好き・やりたい・本音」の心願ちゃんも、ブロックちゃんと対等に扱ってあげる**ことで、すんなりと出してあげられるようになります。今はまだ、ブロックちゃんの声が大きくて、陰に隠れているだけですから、本章で紹介するワークを通じて、心願ちゃんをあなたの心に呼び戻す練習を一緒にしていきましょう。

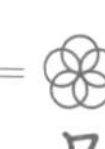

ワーク❶

あなたの「心願ちゃん」に名前をつけてあげましょう。

まずはどんな姿かたちかをイメージしましょう。大きさや性格などもイメージすると、そのイメージに合った名前が浮かびやすいかもしれません。姿かたちをイメージし、名前をつけたら「心願ちゃん（名前）」を歓迎するあいさつ文を書きましょう。

名前…「夢の国のアレ」ちゃん
姿…世界で一番有名なネズミのキャラクターに似ている
おしゃべり…する。いつも元気でニコニコしている
大きさ…手のひらに乗るくらい
年齢…実は100歳

パジャマや下着をお気に入りのものに新調する

まずは、心願ちゃんを出しやすくするため、物理的な環境を整えてあげることからはじめましょう。

これは、私自身のとても恥ずかしいお話です。無職から独立して3年目くらい、ようやくコーチングの仕事が軌道に乗りはじめたころのことです。知り合いから「とても役立つ仕事のカウンセリングをしてくれる人がいるよ！」と紹介され、興味本位でお願いしました。

「仕事がうまくいくアドバイスをください！」と質問すると、その方がすごく申し訳なさそうにアドバイスをくれました。

「ご自身をもっと大切にしてください。例えば、うーん、とっても申し上げにくいんですが……まゆなさんは今、どんなパジャマを着て寝ていますか？」
「えっ……それはもう年代物の……お洗濯しすぎて吸水性バツグン（ボロボロ）のTシャツと、外で着なくなった（シミがついている）ハーフパンツです……」
「やはりそうでしたか。そのパジャマはとても気持ちがよいかもしれないけれど、もう捨てましょう。お家の中って、誰かに見られることがない場所ですよね。誰にも見られないところで、自分が自分をどう扱っているかは、自分が一番よく知っています。**自分しかいないところでも、自分を喜ばせてあげることが、自分を大切にすることを自覚する第一歩ですよ**」

目からウロコでした。当時の私は、仕事を軌道に乗せるため、徹底的にムダ遣いしないように節約生活をしていました。自分のお小遣いくらいは自由に使ってもよいはずなのに、それもすべて仕事に役立ちそうな本や学びに投資し、ただただ自分自身を満たしたり、ねぎらったりすることにお金を使うなんてムダ遣いの極みとすら思っていたのです。

自分の心と身体のメンテナンスを行い、いつでも健康でいることは、仕事でよいパ

オンラインイベント
特別無料ご招待

叶ったつもりでワクワクするだけ
人生が変わる予祝のまほう出版記念

＼願いをみんなで叶える／
1000人

予祝祭り

「予祝」はただ未来をお祝いすればよい……
というワケではありません！
望みを叶えるためには
「うけいれ、あじわい、たのしむ！」
というステップが大切です。

このイベントでは体感型のコンテンツを通して、
あなたの望みが叶いやすくなる
予祝ムードをみんなで作っていきます。
オンライン参加の方もぜひ一緒に楽しみましょう！

さぁ、七夕の短冊に
あなたの**最高のWish**を載せましょう！

お申し込み
詳細はこちらから

2024 7.6 Sat
13:15 start
15:00 end

読者のあなただけへの特別な特典

願いが叶いやすくなる!

予祝体質になるための10ステップ

特別プレゼント!
眞柄真有奈の公式メールマガジンに登録していただくと以下のコンテンツを毎日無料でお届けします。

Day1:「心からの願い」を出す最初の一歩とは?

Day2:自分を大切にするほど予祝は叶う!まずは○○をチェック!

Day3:不満やグチに振り回されない!闇ノート作戦

Day4:かろやかに願いを叶える人の頭の中とは?

Day5:ありのままの自分を認めて、叶いやすさが加速する方法

Day6:最善の答えが「わからない」そんな時にしたいコト

Day7:「3大NG口ぐせ」を手放すには?

Day8:予祝が叶いやすくなるSNSとの付き合い方

Day9:SNSを上手く活用して、モアベターな予祝にするには?

Day10:無意味だけど気になるコトをやる「まほう使い」作戦!

上記タイトルは変更になる場合がございます。あらかじめご了承ください。

眞柄真有奈の
公式メールマガジンに登録する ▶

フォーマンスを持続的に出すために必要なことだと頭ではわかっていました。でも、頭でわかったつもりになっていただけで、行動はしていなかったのです。

決して、「ボロボロのパジャマを着ること＝自分を大切にしていない」というワケではありません。ただ、一日の疲れを癒し、自分をねぎらってあげるためのパジャマすら惜しむようなケチなマインドでは、どこかでその片鱗が仕事にも出てしまうだろうし、「自分を大切にしている」とは言い難いなと思いました。

そこで、一念発起してパジャマと、ついでに下着も新調しました。

「パジャマに数千円もかけるなんてもったいない！」と一瞬思いましたが、いざ着てみると「(私にとっては)こんな高級なパジャマを着ているなんて……何だか、自分にやさしくしている感じがする」とあたたかい気持ちになりました。

誰も見ていないけれど、私は私を大切にしていると思い行動することは、ほかでもない自分が、「**自分のことをちゃんと気にかけてあげているよ**」と言っているようでうれしかったのだと思います。

ワーク❷ あなたのパジャマや下着について思い出してみてください。

- それは、「最高のお気に入り」ですか？　「ふつう」ですか？　それとも「ボロボロ」ですか？
- あなたが「自分にやさしくしているな」と思えそうなパジャマ（や下着）はどんなものですか？　色や形、素材、値段などを調べて書き出してみましょう。

今使っているパジャマは、買ったときはお気に入りだったけど、くたびれつつあるなぁ……。下着は楽だけど、見た目はお気に入りとは言えないかも。

色は白で、ゆったりとした形。

通気性と吸湿性のいいレーヨン素材の上下セットで1万円くらいのパジャマなら、自信を持って「自分にやさしくしている」と言えそう！

不満や愚痴は「闇ノート」に書きなぐって全部出す

３つ目のワークでは、心願ちゃんに住んでもらうための部屋を、心の中に用意します。そのために、心の中にある澱(おり)を片づけましょう。

「不満や愚痴を言いふらす人は苦手」と思う人は多いでしょう。でも、生きているといろいろな人に出会いますし、不満や愚痴を言いたいときだって、それはもう、たくさんあります。

程度をわきまえながらガス抜きとして友人に話を聞いてもらったり、コーチングを受けたりすることもできますが、いつもできるとは限らないですよね。

そうやって澱のように溜まっていった気持ちは最終的にどこに行くと思いますか？

答えは、ずーーーっと心の中に溜まっていきます。

頑張って押し入れの中にしまったつもりでも、開かずの間として触るのも恐ろしい闇ができあがるか、腐ってにおいがしてきます。

そして、無意識のうちに人間関係の認知のゆがみを引き起こす原因にもなります。

そこで、「書く瞑想」と言われている「ジャーナリング」をすることをおすすめします。しかも、自分の中にある不平・不満・不安・愚痴などの闇を全部吐き出す「闇ノート」をつくることです。はじめはマイルドに「○○が嫌だった」「腹が立った」と書いていくのですが、どうせ自分しか見ないものです。こんなところまで「誰かに見られること」を意識しないでください。書いたものを残すのが怖ければ、フライパンの上で安全に配慮しながら燃やせばよいのですから。

体裁も、ノートの罫線も、文字の大きさも気にせず、無心になって空っぽになるまで、何ページでも、どんな罵詈雑言もどんどん書いてしまいましょう。消しゴムもいらないかもしれません。「本音の私って、こんなに過激だったのね……。ちょっと恐ろしいわ」と脱力するくらい書いてください。

このワークだけは、ノートとペンを使って、実際に手を動かすことをおすすめします。筆圧を通じて自分の感情の強弱も感じ取ってもらいたいからです。

人はブロックちゃんに慣れているので、ネガティブな情報を出すことには慣れていて、想像よりもやりやすいと思います。このワークは、自分の気持ちをできる限り出しきる練習として行います。

私ははじめてこのワークを終えたとき、とても脱力してしばらくぼーっとしていました。身体の中に溜まっていた澱を掃除したら、引っ越したあとの部屋のように空っぽになった感覚になりました。そして、書いてあるものを見て「自分はこんなにたくさんの気持ちを我慢してきたんだ。申し訳なかったな」と感じたのを覚えています。

ワーク❸

闇ノートを書いてみましょう（どんなノートでもかまいません。燃やす人はルーズリーフでもOK）。

これまでニコニコやり過ごして
きたけど、あんたのことなんて虫
ケラ以下としか見てないからな。
来世はゴキブリに生まれてこい

結局、私がいなかったら
何もできないくせに、
いばってんじゃねーよ!

職場で女には「家でちゃんと家事して
るの?」って聞くくせに何で男には聞
かないの? そういうところだよ!
左遷されてしまえ! 腹立つ!

セルフパワハラをやめる

４つ目のワークでは、安心して心願ちゃんが過ごしていけるための環境を整えます。

突然ですが、あなたは自分にやさしいですか？　それとも厳しいですか？

これは、**自分に対する行動の話ではなく、自分の頭の中にある自分の声の話です。**

私は長らく「ライバルは自分！」と思って、自分自身に厳しくしてきたタイプでした。受験勉強や仕事のノルマを追いかけているときは、特にそうでした。受験や仕事では「ほら、頑張れ！　勝つんだ！」と言って頑張れば、合格やノルマ達成といった「外からの評価や報酬」があるので、何とか頑張れたのだと思います。

でも、自分の理想の人生では、外からの評価や報酬が必ずあるとは限りません。合格やノルマのような期限やゴールもありません。自分が「よい」と思えるかどうかが大切です。

自分を「ライバル」扱いし、厳しくすることでうまくいく事柄もあると思います。しかし、私の場合、常に自分を叱咤激励することは、同時に息苦しく、つらさもありました。頑張ってちょっと成果が出ても、「まだまだですよ！　上には上がいますよ！」といつも言われているような気分で、頑張る気持ちが続かなかったのです。

では、どうすればよいのでしょうか。１つの例を紹介します。

過去に一度、「ダイエット」をテーマにコーチングを受けたことがありました。私の中から出てきたのは、次のような言葉でした。

- 私は太っていて醜い。そのせいでファッションを楽しめない
- こんなに太っているから、自分に自信がないんだ
- この太い脚なんていい加減にしろ！　早くやせろ、デブ！　おまえのせいだぞ！
- 太っているせいでご飯を食べるたびに罪悪感が湧くんだぞ。本当は美味しくご飯を食べたいのに

自分をライバルだと思っているので厳しい言葉が出るだろうとは思っていましたが、もはや**セルフパワハラ級の声掛けを自分自身にしているんだなということに気がつきました。**

「これらの言葉を毎日言われる身体って、どんな感じ?」とコーチに聞かれたとき、全身がずしーんと重くなったのを覚えています。24時間365日、ブラック企業で死ぬほど働かされているのに、ちっともねぎらってもらえないズタボロの会社員のようなイメージが湧きました。

それでも毎日文句も言わず頑張っている私の身体は、そのストレスに耐えるため、食べることで気を紛らわして我慢していたのかもしれません。本当に申し訳なかった。自分の身体に対して「ライバル」扱いするのはもうやめよう。そのやり方は間違っていると、その瞬間に思いました。

その日から、自分の身体を「お姫様」扱いすることにしました。毎日頑張ってくれてありがとう。お疲れのところはないですか？　マッサージしましょうか？　湯船にしっかり入りましょう。たくさん寝ましょう……。

今までとやり方を１８０度変えてみたのです。はじめはぎこちなかったですが、やっているとすごく気分がよくなって、楽しくなりました。そして、２か月で自然とマイナス９キロのダイエットに成功していました。20年間ダイエットで悩んできたのは一体何だったのかと思うほど、楽に体重が減ったのです。

このときに思ったことは、「自分の敵は自分！」そう信じている人は一生自分と戦うということです。ただし、そう思うことでテンションが上がるならＯＫです。

逆に「え？　敵じゃなくて味方だよ」と思うほうがテンションが上がる人は、自分とタッグを組んで生きる方法を考えるとよいでしょう。

心願ちゃんが住み続けるためには、あなた自身が「よい」と思うことを選択することに慣れている必要があります。自分に合っているほうを選ぶとき、心が「安心感や解放感、喜び」という感情を通して「あなたはこっち！」と正解を教えてくれます。

どちらがよい悪いではなく、どちらの考えが自分に合っているかが大切です。

ワーク❹

今のあなたは自分に対して……

- 厳しさ………□%
- やさしさ……□%

この割合がどのくらいになると、心地よさを感じそうですか？

- 厳しさ………□%
- やさしさ……□%

そのために、自分に対してどんな声掛けや行動をしますか？　アイデアを書きましょう。

今は自分に対して……
・厳しさ………80%
・やさしさ……20%

この割合が、
・厳しさ………50%
・やさしさ……50%
になると、心地よくなるかも。

そのために、
・減点方式ではなく、加点方式で自分のことを見てあげる
・疲れているときは無理して自炊せず、お弁当を買う
・有給休暇をもっと気軽に使う

「私は私のままでいてもいい」を心の中で唱える

５つ目のワークでは、心願ちゃんが出てきたとき、どんな変化球の願いでも受け止める練習をしていきましょう。

私たちは一人の人間ですが、同時にたくさんの顔を持って生活しています。これを「ロール」と言います。両親の前では「子どもロール」、パートナーの前では「パートナーロール」、会社では「ビジネスパーソンロール」、子どもの前では「お母さん（お父さん）ロール」、一人のときの「私ロール」というように、さまざまなロールを一日の中で使い分けています。

このロールは一般的に、使った時間に応じて成長していきます。時間が長ければ長いほど、性格が発達していきますし、経験も豊富になるからです。よく、職場ではバリバリと仕事をして人望のある人が、家庭では全然それを発揮しておらず、家族からあまり相手にされないという話を聞くことがあります。それは、家庭におけるその人のロールが成熟していないということと、ロールを自分の中で横展開して汎用化させることを知らないからです。

どのロールも自分の一部なので、矛盾していることがあっても、それ自体にウソも本当もありません。心願ちゃんから出てくる望みは、どのロールから、いつ発信されるかはわかりません。そのため、「この望みは本当に自分の望みなんだろうか？」「非現実的に思えるけど、これでよいのだろうか？」と思うかもしれません。

私の中にはさまざまなロールがある。そして、それはどれも自分の一部であるということがわかれば、出てきた望みに対して善し悪しのジャッジをすることなく「私は私のままでいてもいい。何を望んでもＯＫ」と自分が望むことに許可を出せるようになっていきます。

この時点で大切なのは、自分の中から出てきたすべての望みを、いったん受け止めて許可することであって、実行するということではありません。望んだ時点でブロックちゃんに「それはダメですよ！」とかき消されるのを防ぐことで、自分の些細な望みや気持ちの動きに気づきやすくなる効果があります。

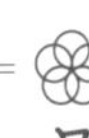

ワーク❺
自分の中にあるロールを思いつくだけ書き出してみましょう。

・私ロール
・子どもロール
・弟ロール
・お父さんロール
・パートナーロール
・ビジネスパーソンロール
・先輩ロール＆後輩ロール
・ＰＴＡ役員ロール
・草野球チームのコーチロール

「わからない」という答えを許可する

6つ目に、心願ちゃんの成長を見守るというワークをしてみましょう。

ロールの話をしましたが、心願ちゃんもこれまで出番がなかったとすると、まだまだあなたの中では幼い子どもくらいの成長の度合いかもしれません。そうであれば、うまくおしゃべりができないので、何となくモヤっとしたグレーな感覚で「望み」を出してくる可能性があります。

しかし、私たち大人の世界はまったく違います。「グレーな気持ちはダメ！」と思いがちです。

・少しでもわからないことをなくそうと、その原因解明に奔走しているとき
・仕事や人のために技術を習得しようと勉強など試行錯誤しているとき
・結果はまだ出ていないけれど、一生懸命に何かをしているとき

このようなときは、早くよい結果に辿り着きたいのと、わからないこととの不快感から、焦る気持ちが湧きやすい傾向にあります。

少しでもわからないことがあると「わからない自分はダメだ」とか、「ここが足りていないんだ。何の結果も出せていないのに早く何とかしないと」などと自分を責めてしまいがちです。

でも、そうやって自分を責めることで気持ちが萎縮して、あなたが本来持っている魅力や自信が鈍るのは本当にもったいないことです。

だから、焦る気持ちが湧いたときは、どーんとかまえて「いやー、**『今の自分にはわからない』が答えだな。少し様子を見よう**」としてあげてもいいのです。

「今すぐ」答えを探そうとしても、わからないときはわからない。何かのきっかけでわかるときは絶対にくる。一生懸命に探しても、答えが出てこなかったら、多分それは必要がないこと（それに、ほとんどの場合、あとでわかるものです）。

私自身、わかるのは「今」のタイミングじゃないと割りきってみたら、とっても気持ちが楽になったのを覚えています。

大事なのはわからない自分にOKを出して、グレーなりに進んでみることです。

私は身体を壊して会社員を辞めたとき、自分が次に何をしたいのかなんて一切わかりませんでした。

「今はわからない」を答えにしつつ、不安になりながらも心願ちゃんが出してくるぼんやりとした望みの方向へと、一歩一歩進んでみました。すると、次第に「わからない」の正体の解像度が上がってきて、結果として天職だと思える仕事と、その先の目標が見えてきました。

小さな子どもが何かを訴えようとしているときに「どうしたの？　お腹が空いたの？　それとも遊びたいの？」と聞くように、心願ちゃんが出してくる望みを聞き続けました。手を変え品を変え、いろいろな方法で聞き、理解しようとしたことで、心願ちゃんが成長して、伝え方も上手になっていきました。

思えばあのとき、無理に答えを出そうとして、見せかけの言葉なんかで、変に自分を納得させようとしなかったのがよかったのだと思います。

回りくどくなりましたが、「今はわからない」というのも、立派な１つの答えです。

ちなみに今も、二児の子育てと仕事の最高のバランスは「まったくわかりません」状態です。ただ、１つだけわかっているのは、「わからない」からこそ、いろいろトライして失敗してもＯＫだということです。

「わからない」も、今に必要な答えの１つなのです。

ワーク❻

「わからない」と思って不安や焦りを感じたときは、「そのうちわかる。自分に本当に必要ならわかるから大丈夫」と自分に言ってみましょう。

そのうちわかる
自分に本当に必要なら
わかるから大丈夫

「ちゃんと・準備ができたら・一番いいのを見つけたら」をやめる

ここまでのワークを通じて、あなたの心願ちゃんはとても成長しています。あなたの中でのびのびと過ごし、「望み」という形で、あなたにいろいろなことを自由に発信してくれるようになってきました。

あなた自身も、自分の中にさまざまな「好き、やりたい、こうなったらいいな」という想いが湧いてくるのを以前よりも感じはじめていることでしょう。

７つ目のワークでは、実際に予祝をするものを選んでいきましょう。基本的には何を予祝してもかまいません。ただ、せっかく叶うならば、心が一番喜ぶものを選びたいですよね。

わかりやすくするために、「好きなことを仕事にしたい」というテーマに置き換えて説明します。昨今の世の中の流れも、副業解禁や働き方の変化で、数年前よりも副業や起業がしやすくなりました。と同時に「今の仕事をずっと続けていくのかな？それは違うかも。もっと好きなことで楽しく仕事ができたらいいのに！」と望みを持つ人が増えています。

「さぁ、ここで望みを出しましょう！」となったとき、「好きなことで楽しく仕事をしたい！」という言葉の中には、いろいろなものが混ざっています。まずはその中身を考えてみましょう。

〈例〉私にとって「好きなことで楽しく仕事をしたい！」とは……

自分にできることで、好きだと思えるもので、成長できて、やっていて楽しくて、人にも喜ばれて、週末だけで会社員の給料と同等かそれ以上の、今の仕事を辞められるくらいの収入があって、働き方も自由で、何なら有名になれたりもして……

このように、１つにまとめて考えようとすると、どんどん望みが出てきて収拾がつかなくなりますね。

ちゃんとしたものを、完ぺきな理想通りのものを、と真面目な方ほど思いがちです。

そんなときは、箇条書きで書きましょう。あとからアイデアが湧いてくるかもしれないですし、いつでも付け足せるくらいの気持ちで何個でも書き出してみましょう。

条件が厳しすぎであろうが、現実離れしていようがかまいません。

忘れないでいただきたいのは、その条件が叶ったときに「どんな気持ちを得ることができるのか?」を書くことです。

ワーク⑦ あなたの理想のライフスタイルを考えてみましょう。

・朝は何時に起きますか?

・どこに住んでいますか? それはどんな住まいですか?

・どんな仕事をしていますか?(あるいはしていないですか?)

・その仕事をしていると、どんな気持ちになりますか？
・仕事とプライベートとの割合はどのくらいですか？
・周りにいる人はどんな性格の人が多いですか？
・休日は何をして過ごしていますか？
・あなたの口グセは何ですか？
・そのほか、思い浮かんだことを箇条書きでいくつでも書きましょう。
・これらが叶ったときに、あなたはどんな気持ちになっていますか？

朝は8時に起きる。
南房総にある2階建ての家に住んでいて、
仕事はアクセサリー作家。
仕事をしていると、ワクワク楽しい気持ちになる。
仕事とプライベートとの割合は、3：7くらいで
プライベートのほうが充実してきている。
周りにいるのは穏やかな人ばかりで、
いつもやさしく見守ってくれる。
休日は愛犬のポメラニアンと一緒に海辺を散歩するのが
いつものパターン。
「それ、面白そう！」がログセで、気になったら何でも
試すアクティブな生活を送っている。
今はたくさんの人に気軽に自分の作品を見てもらえるように、
小さなショップをつくる準備を進めていて、
忙しいけれど充実感でいっぱい！

SNSは見る時間を決めてロックをかける

８つ目のワークでは、心願ちゃんの願いを叶えるための心と生活の余白をつくります。

私たちが予祝をするとき、何らかの日常の変化を望んでいますよね。そのときに、時間や心の余白がないと、願いが叶うチャンスが入ってくる隙間がありません。

私たちの生活は便利になっているはずなのに、なぜか心も時間も余裕がなく、楽になっていないなぁと、思うことはありませんか。

それは、ＳＮＳの普及が１つの原因です。

私自身、インターネットもＳＮＳも大好きで、各種ＳＮＳにアカウントを持って発信を楽しんでいるタイプなので、気がつくと時間が溶けていてびっくりします。

なかなか会えない友人や知人の生活を知ることは、会っていなくても親近感が湧いたり、好きな人の投稿には心躍ることもあります。同時に、自分が望まないような炎上やニュースをうっかり見てしまうことで、気持ちが落ち込む、あるいは一緒になって揺さぶられることもあります。ほかにも、うらやましさから嫉妬心が湧き、同時にそうなっていない自分への自己嫌悪感を覚えるなど、SNSは拒否する暇を与えずに自分に情報を届けてきます。

私は毎年、お盆とお正月などは夫の実家に行くのですが、そのときは家族と過ごすので、すべてのSNSをほぼ見ることはありません。最初はSNSを見たくなるかなと思っていたのですが、実際は少しもアクセスしたいと思わないことに気がつきました。そして、SNSは日常に比べて刺激が強すぎて、見るだけで感情を勝手に揺さぶってくるのが実はストレスだったことに気がついたのです。

それから私は、スマホの時間管理機能を使って、1日のSNSの閲覧時間を1時間に制限するようになりました。ぜひ、あなたのお手元のスマホの機能を検索してほしいのですが、特定のアプリケーションを選択して、指定した時間数閲覧したらアプリケーションが開けなくなる仕組みがあると思います（機種によります）。これを設定してみてください。私はこれを設定してから、自分がどれだけの時間をＳＮＳに使っていたのか思い知って、反省しました。そして、空いた時間でいつもより早く眠ったり、子どもと遊んだり、自分のために使ったりと自由な余白を見つけることができました。

ワーク❽

時間制限をして余白をつくってみましょう。

・あなたにとって「時間制限を決めてしまいたいもの」は何ですか？

・それは、１日何時間に制限しますか？

ダラダラＹｏｕＴｕｂｅを見てしまうのを制限したい！

１日１時間まで!!

SNSは「私のためのネタ帳」だと思って眺める

9つ目のワークでは、心願ちゃんの内容を豊かにアップデートしていきます。

SNSの閲覧時間を制限すると前述しましたが、まったく見ないでいるのはもったいないことです。せっかく世界中の情報にアクセスできるのですから、予祝のネタに活用してしまいましょう。

私がおすすめするSNSの見方は、**「もしも私だったら」のネタ帳だと思うこと**です。

望みを出すときに、自分の経験からだけだと想像しきれない、よいアイデアが浮かばない、と思うことはありませんか。そんなときこそ、SNSを活用しましょう。

先日、ＳＮＳでつながっている50代の知人夫婦が海外旅行に行き、現地の友人と一緒に船旅をしている投稿を見ました。二人とも会社員を辞めて自営業で仕事をしているので、とてものびのびとしています。その船旅の内容や、彼らの日に焼けた顔に浮かぶ表情が、とても魅力的で、「いいなぁ！　私もいつかそんな旅をしてみたい！」とワクワクしました。こういう心がときめく投稿を見たとき、私は頭の中で自分に置き換えて妄想します。「そんな経験ができたら、気分がよさそうだな！」、そう思えたら、いつか書き出す「予祝ネタ帳」にメモしておきます。逆に心が動かなければ、自分にとっては違うのだなと教えてもらったことに感謝して画面を閉じます。

こんなふうに、ほかの人の投稿は「イマジネーションの世界を広げてくれる素晴らしいネタ帳」として活用します。このとき、大事なのは「たくさんの人に称賛・支持されているかどうか（「いいね」の数や再生回数、フォロワー数など）」は無視することです。ほかの人がいくらよいと言っていても、自分にとってよいかどうかは別です。自分の心が動くものを見つけるために、ＳＮＳもうまく活用しましょう。

ワーク❾

自分がいいな！　好きだな！　と思う投稿を見つけます。そして、自分だったらどうかを想像し、心が動くかどうか感じてみましょう。

静かなところで、一人じっくり考え事ができるのっていいかも。
星がきれいに見えるところも好きだし。
でも、キャンプ道具を集めるのは大変だから、ロッジを借りたほうが手軽そうだな……

#ソロキャン
#一人時間
#星空
#焚火最高

無意味だけど気になることをはじめる（ただし、いつやめてもよい）

最後のワークでは、予祝をしたあとに小さな行動を取ることで、願いが叶いやすくするルートをつくりましょう。

人の脳のシナプスは、よく使うものほど太く速く伝達できるようになっています。あなたは、これまでのワークを通じて、自分が興味を持ったり、好きなことをピュアに選択・実行したりするシナプスを使い、鍛えてきました。そのため、あなたは心願ちゃんの声にも気づきやすくなっています。

予祝をすることで、気持ちが前向きになったら、それだけでも今までとは得られる情報が変わります。一番大事なのは「願いが叶ったときのいい気分で過ごすこと」です。もしもやってみたいなと思う小さな行動があれば、それはぜひ加えましょう。そうすることで、予祝したことが叶うための偶然のルートを増やすことができます。

第5章で詳しく解説しますが、予祝の叶い方は1つではありません。自分の予想外のところからやってきたり、思っていたものとは少しずれた形で叶うことも多いのです。人間の脳は顕在的に認知している部分が約5％、残りの95％は潜在意識といって認知できません。認知できなくてもきちんと動いているので、その部分が変化のサインを「急な思いつき」という形で自分に教えてくれることがあります。

予祝したあとは、意識の上書きが起きているので、ふとした瞬間に誰かの顔が浮かんだり、何かが気になったりします。これは、叶うアンテナが情報をキャッチしている証拠なので、「意味があるかわからないけれど、気になったからやってみる」という急な思いつきがあれば、ぜひ実行してみてください。

例えば、転職前の同僚の顔が急に浮かんだので連絡を取ってみるとか、たまたまSNSで目に留まった投稿が気に入ったので「とてもよかったです」とコメントしてみるとか、気になっていた学びのセミナーに申し込むとか、「犬も歩けば棒に当たる」

くらいの気持ちで小さなアクションを起こしてみましょう。

やらないと叶わないというわけでもないし、誰かに続けることを強制されるものでもないので、あくまで心の風通しがよくなる程度に、軽やかに取り入れてみましょう。

ワーク⑩

もしもあなたのやりたいことの成功が約束され、お金にもなる、やる価値もある、人からもとても喜ばれ評価されるとしたら、あなたがやってみたい、あるいはやってもいいなと思うことはありますか？　それは何ですか？

絵を描いてみたいな〜。
あとは、畑にも興味がある。
料理に凝るのもいいし、
子どもたちに何か教えることも
やってみたいな。

後悔しない予祝とその選択に必要なこと

予祝では、よい条件よりも自分の気持ちを書く

いきなり結論を書きましたが、人が決断をするときに決め手になるのは、条件でも効率でも合理性でもなく「あなたの気持ち」です。

頭では、やればいいとわかっていても、なかなか動けない。そんな経験は誰しもあると思います。それと同じで、人は気持ちが動くことであれば、勝手にやってしまうものです。一見、素晴らしい予祝内容であっても、心が動かなければ「せっかく予祝したのに叶わないじゃん」と自分を責めたり、落ち込ませたりする原因になってしまいます。

本章で提案した10のワークは、「やってみたい」という気持ちの種を蒔いて、育てるための心の土壌をつくるためのものです。

土壌づくりというのは、気持ちの種が出てきたら、素直に認めること、種が芽吹く前に、条件だけを見て可能性を潰さないことです。


あなたの中から生まれた「好き・やってみたい」という気持ちの種は、仕事にならないかもしれません。

上達しないかもしれません。

途中でやめたくなるかもしれません。

人に評価してもらえないかもしれません。

それでも無視したり潰したりしないということです。


一番大事なのは、「やってみたい」という気持ちを認めてあげることです。**「何かをやりたい」なんて気持ちは、あなたの中からしか生まれてきません**から。誰かに植えつけてもらうことは、絶対にできない聖域です。

せっかく気持ちの種が出てきたのに、「こんなこと、やって意味あるかな？」「どうせ自分は飽き性だし」「うまくいかなかったら、どうしよう」「仕事にはならないし」

そんな条件を突きつけたら、気持ちをまとった種は、腐って死んでしまうと思いませんか?

例えば、「大学受験に合格できるかどうかわからないから、塾には行かせない」というのを見聞きしたらどう感じるでしょうか。おそらく「やってみないとわからないのでは?」という違和感を覚えると思います。

行動を起こすかどうか判断する際に、「できる、うまくいく」とわかっているかどうかを重視するのではなく、「挑戦したらできるようになるかもしれない」「可能性が広がるかもしれない」という点に、重きを置いてみてください。先ほどの受験の例のように、どんな結果になるかはわからないけれど、アクションを起こすという形で、未来の可能性に投資しましょう。

「やってみたい!」の種を見つけたら、即行動に移さなくてもかまいません。すぐ結果を出そうとするのは現代人の悪いクセです。まずは、「種ができた」ということだけを祝福してください。

とりあえずは種という気持ちを保管しておくこと。気が向いたら予祝して、自分のペースで実行という水やりをすることです。ここでも焦らず、マイペースに、がポイントです。

「どうせ……」とか、「こんなことやって意味ある？」という言葉がなくなれば、自分の土壌に種が生まれやすくなります。畑にたくさんの種を蒔くとどうなるでしょうか。すべては実らなくても、いくつかは立派に育つ可能性が増えますよね。

私たちはついつい忙しいと効率や合理性を優先したり、結果がわかるものに目が行きがちです。でも、それだけが心豊かになる条件かと言うと、そうではありません。

まずは、心の中に種をたくさん蒔ける土壌をつくってあげること。

その種を可能性の１つとして楽しみながら育てる余裕を持つこと。

育てていくうちに人生の変化を味わうこと。

これが後悔のない予祝とその選択に必要なことなのです。

私の予祝エピソード❸

諦めかけていたのに、予祝から3日で将来につながる大きな仕事のオファーがきました

◇予祝によって自分のマインドが大きく変わり、勇気を出してチャンスをつかむことができた研究員Kさんの予祝例を紹介します。

＊　＊　＊

私はある研究をしています。さまざまな臨床の現場を見るうち、その業界では煙たがられていた、とある研究の必要性を感じ、「どうしても自分の手で研究したい！」と思うようになりました。

しかし、抽象度が高く、明確な根拠がない題材を選ぶと、この業界では周りから白い目で見られ、肩身が狭くなってしまいます。また、私は人前に出るのが苦手なため、検証は行っても研究発表にまでは手が出せずにいました。

そこで、こんな予祝をしました。

「私は私のまま自分を表現して仕事しています。（自分の研究分野の玄人として）『マツコの知らない世界（ＴＢＳテレビのバラエティー番組）』にも出ちゃっているかも！　そして、みんなと幸せを分かち合っています」

その３日後、なんと学会の先生から、偶然、講演の依頼がありました。
人前に出るのが苦手な私ですが、予祝をしたことを思い出し、「そうだ。私は自分を表現して人前に出ているんだ」と、そのオファーを快諾しました。今までなら遠慮していた自分が変わったのを実感しました。

ただし、学会の趣旨と私のやりたい研究の趣旨が違ったため、まずは依頼してくれた先生に、発表内容のすり合わせとして、今後自分がやりたい研究について相談することにしました。

そのときは、「もしかしたら、ＮＯと言われるかもしれない。今回のオファーも含めてどう思われるか不安だ」という気持ちを抱えていました。
ですが実際は、相談をした先生から「それは面白い研究ですね。ちょっと持ち帰って学会のメンバーと議論してもいいですか？」というお返事をいただきました。

結果、今回の学会発表は別のテーマとなりました。そして、私がもともとやりたかった研究については、次年度以降に複数の大学と共同研究をしようという結論になりました。

想定よりも慎重に研究をしようという判断に至ったのは、私が一人で発表することで、反対派の人に潰されないためでした。権威性を持って、しっかり裏づけをとってからのほうがよいでしょう、という意図からの結論だったのです。
これにより、私がやりたかった研究だけでなく、私自身のことも守ってもらうような最善な形で、研究が進められることになりました。

これをきっかけに、俄然やる気が出たのは言うまでもありません。
給与が減るかもしれないし、大変だろうし、時間もたくさん使うかもしれないけれど、私でもできることがあるんだな、と心から思うことができ、自信につながりました。そして、こんな素晴らしい後押しをもらえたからには、私の使命だと思い、よい形で研究を進めようと、準備している最中です。

予祝が叶ったきっかけとして、2つのことがありました。

1つは、日々、些細な予祝をして、自分の気持ちを整えていたこと。もう1つは、予祝をした内容に素直でいたことです。

私は、小さなことでも気軽な気持ちで予祝をしていました。予祝をすることに対して、気負わず、思いついたらサッとやる、ということを心がけていました。これによって、いつでも気分のよさを感じることができるようになり、日々の仕事にもよい影響があったように思います。

今回の講演のオファーには、当然不安もありました。しかし、自分が予祝をしたことに対して、あとから「やっぱり違うかも」「できないかも」と思わず、「そうなるんだから、なる」と予祝を素直に受け入れたのが功を奏したように思います。

自分の
「好き・やりたい・本音」を
応援しよう！

第4章

◇

書かなくてもできる3つの予祝ワーク

仕事仲間や友人・子どもと一緒にできる「予祝インタビュー」

本章で紹介する3つのワークは、日常でもかんたんに取り入れられる予祝方法です。文章を書くのが苦手な方や、誰かと一緒にやってみたいという方におすすめです。また、お子さんがいる方は、お子さんと一緒に取り組めます。内容によっては自由研究として活用していただくこともできるかもしれません（お子さんの明確な対象年齢はありません。「未来・現在・過去」の時系列が理解できていれば、ここで紹介する「予祝インタビュー」は可能です）。

誰かと一緒に行うことによって「うれしい・楽しい」気持ちが増幅して叶いやすくなります。ぜひワイワイと楽しみながら実践してみてください。

■予祝インタビューをしてみよう

予祝インタビューとは、二人以上の人が集まって会話形式で行うワークです。かんたんに言うと、スポーツ選手が受けている試合後の「ヒーローインタビュー」です。ヒーローインタビューでは、よい試合ができ、今日のファインプレーやこれまでの努力を振り返って話します。それと同じように、「すでに叶った未来」にタイムスリップして、「何が起きたか？」「どんな気持ちになったのか？」をインタビューし合います。

お酒の席や、ちょっとした集まりのときに、軽いノリで行うと、気持ちもリラックスして盛り上がりますよ。

「予祝インタビュー」のやり方

①予祝のテーマを決める

▼

②「叶った日時に再会し、近況報告をしている」という設定にする。出だしは必ず「久しぶり〜！　○年（今日の日付からカウント）ぶりだね！　いいことがあったって聞いたけど、おめでとう。ぜひ教えて！」ではじめる

▼

③会話はすべて「過去形または現在進行形」にする

④インタビュアーが次の質問項目に沿って話を聞く

＊お子さんと一緒に行うときは、★マークの質問だけにするなど、もっとかんたんにアレンジしていただいてかまいません。

★どうやって叶えたの？
★叶えるうえで何が大変だった？　それをどうやって乗り越えたの？
★一番うれしかったのはどの瞬間？
★今はどんな気持ち？
★自分で変わったなと思うところはある？
☆叶った今の自分が大切にしてることは何？
☆叶っていなかったらどうなってた？
☆昔の自分に一言アドバイスするとしたら？

では、具体的な会話例を見てみましょう。

◆会話例［インタビュアー：、予祝者：］

「久しぶり〜！　1年ぶりだね。元気にしてた？　いいことがあったって聞いたけど、おめでとう。ぜひ教えて」

「ありがとう。実は前に話した『海の近くに住む』ってやつ、念願叶って今は湘南に住んでるの！」

「そうなんだ〜。どうやって叶えたの？」

――（ここからは予祝者による〝即興の妄想劇場〟でお話しします。しどろもどろになってもOKです）

「実はさぁ、友達とお茶したときに、その子の知り合いがシェアハウスに住んでるって話を聞いてさ。面白そうだなと思って突っ込んで話を聞いていたら、ちょうど週末にそのシェアハウスで住人と交流するボードゲームパーティがあるってことがわかってね。友達と一緒に参加させてもらうことにしたんだ。それがその湘南の家！」

「すごい偶然だね〜。叶えるうえで大変だったことってある？」

「う〜ん、やっぱり前の家の契約期間が残っていたことかな。引っ越し費用もかかったし」

「それをどうやって乗り越えたの？」

「現実的だけど、今の家の家賃とシェアハウスの諸々の費用を計算したら、今引っ越しても別に損しないってことがわかって。それならいいやって……」

〜つづく〜

こんなふうに、すでに叶ったつもりでインタビューに答えることで、自分でも思ってもいなかったようなアイデアがぽんぽんと出てくることがあります。それを話すことで、行動を制限していた思い込みのタガは外れて「何だ、それでいいんだ」と気持ちが軽くなりやすく、自然と意識の上書きが起こります。

この予祝インタビューを、受験を控えた子を持つ親御さんから「子どもと一緒にやりたい！　子どものモチベーションを上げたい！」という要望をいただいたことがあります。お子さんと行うときには注意してもらいたいポイントがあります。

自分の思い通りの回答が得られなくても、決して怒ったり、誘導したりしない！ということです。子どもにとって一番近くにいる両親は「安心安全」の生理的な欲求を満たすための心身共に大切な居場所です。予祝インタビューを行うときに、無理にポジティブな意見を引き出そうとしたり、不安を口にするのを遮ってはいけません。

子どもが「自分の想いを自由に話してもいい！　どんな話でも耳を傾けてくれる！」と思うことは、心の安心にもつながり、最終的にはモチベーションアップにもつながります。そのため、親が子どもに予祝インタビューをするときは、どんな回答でも、まずは受け止め、そして「あなたなら大丈夫って思っていたよ！　どんな結果でも、あなたは自分の学びになったって言っていたよ！」というように励ましの言葉で締めくくるようにしましょう。

最も大切なのは、予祝によって親御さんにとって望ましい言葉を得られたり、親御さんが安心感を得ることではなく、予祝を行ったお子さん自身が「安心」を感じたり、気持ちを口に出すことで「気分がよくなっていること」です。

好きな画像を集めた「予祝ビジョンボード」をつくる

「予祝ビジョンボード」づくりは予祝のワークショップや、私が教えている大学の授業でも取り入れている毎年大人気のワークです。自分の理想の未来や生活について、手持ちの写真や好きな画像を雑誌などから切り取ってコラージュします。アナログでもデジタルでも、どちらでもできます。

アナログの場合は、雑誌を切り取ったり、自分で撮った写真をプリントしたり、インターネットでいいなと思う画像を印刷してつくります。

デジタルの場合は、Pinterestという画像検索アプリなどを使って、自分がいいなと思う画像リストをつくってもＯＫです。完成したあとに何度も見返してほしいので、1枚の紙（や1ページ）にまとめることをおすすめします。

アナログでのやり方

〈用意するもの〉

- 雑誌10冊以上（どんなジャンルでもＯＫですが、自分の好みに合ったものがおすすめ。新品である必要はなく、古書店で安く売っているものでかまいません）
- はさみ、のり、ペン
- シールやマスキングテープなど好きなものがあれば
- 台紙となる紙（Ａ４サイズ以上がおすすめです）

〈やり方〉

まず、テーマを決めます。例えば、「３年後の自分」「理想のライフスタイル」などです。テーマを決めたら雑誌をパラパラとめくり、テーマに合った自分の好きな画像を選びます。このときは、じっくりと見るよりも、なんとなくめくって目に留まったものをピックアップするほうがよいです。画像以外に言葉を選んでもＯＫです。

切り取ったら好きな配置でのりで貼り、シールで飾ったり、ペンで文字や絵を描いたりして、コラージュすれば完成です。できあがった予祝ビジョンボードは、家の中の目に入りやすい場所に置くと、自然と意識に刷り込まれていきます。

アナログ版の予祝ビジョンボード作成ワークの様子

何人かでつくると、個性が出て楽しい！　できあがったら内容を発表します

作成後は寝室やデスクなど日常で目に入るところに置くのがおすすめ！

デジタルでのやり方

〈用意するもの〉

- パソコンやスマートフォン、タブレットなど
- 画像検索サイトやアプリ（Pinterestがおすすめ）
- 台紙代わりになるツール（Word、Excel、PowerPoint、Googleスライドなど）

〈やり方〉

アナログ同様、テーマを決めます。

そのテーマに沿って思い浮かぶ検索キーワードを入れて画像を検索します。例えば、「南国のくらし」「別荘」などです。出てきた画像から気になるものを保存していきます。なかなかイメージに合うものが出てこない場合は、検索した画像を元画像にして、Googleの画像検索機能を使うのも、よいかもしれません（画像検索の仕方についてはいろいろなサイトが方法を載せていますので、参考にしてみてください）。

画像を集め終えたら、好きなツールを使ってコラージュを制作します。

完成したものは、パソコンのデスクトップ画面やスマホの待ち受け画面にして、目に入りやすくするとよいでしょう。

デジタル版の予祝ビジョンボードの作品例

私が予祝を広げたいと考えてつくったビジョンボード。
いろいろな人に見せたら前倒しで予祝音楽制作が叶いました！

写真だけでなく、言葉も入れるとわかりやすくなります！

3 仕事中でもバレずにこっそりできる「予祝ミーティング」

予祝を予祝とは言わずに、こっそりとビジネスの場に取り入れることも可能です。予祝のエッセンスを使い、周りの方と意識を合わせることで、その場の雰囲気を変えることができます。

例えば、チームミーティング。

冒頭にその時間のミーティングの目的を共有することがあると思います。そのときに、「このミーティングが終わったあとに、どんな状態や気持ちになっていたいか」をアイスブレイクやチェックインとしてお話しします。

では、具体的な会話例を見ていきましょう。

◆会話例【進行役：○、メンバー：●●●】

○「今日は商品開発のためのミーティングをします。みなさん、お忙しい中、集まっていただいたので、この会のゴール設定をしましょう。進捗や結論が出る以外で、会が終わるとき、この場がどういう雰囲気になっていたらいいなと思いますか？　一人ずつアイデアを教えてください」

●「いいアイデアが出てよかった（状況）、というスッキリした気持ち（気持ち）になっていたらいいです」

●「次にやるべきことが決まって（状況）、迷いがない感じ（気持ち）がいいです」

●「みんなの気持ちが高まっている雰囲気（気持ち）がいいです」

○「ありがとうございます。終わったときに、そういう気持ちになっていると、私もうれしいです。では……（本題へ）」

ビジネスの場において、「場の雰囲気」をゴールとして設定することはそう多くはないと思います。ただ、はじめに一人ひとりが「どんな場にしたいか」を口に出すことで、ミーティングに対して主体的になります。自分の意図を場に出すことで、無意識のうちにそういう場にしようとする意識が高まり、行動が変わっていきます。

ビジネスシーンでの発言傾向としては、どんな状況になっていたらいいか、を話すのは得意でも、どんな気持ちになっていたらよいかまでを話す方は非常に少ないです。そのため、「**そうなったら、どんな気持ち・気分になりそう？**」と気持ちの部分も聞き出すとよいでしょう。

１つ注意点があります。会議をファシリテーションする側や上司が「さっき○○って言いましたよね？」「言っていたことと違うと思う」など、詰問するような言い方をしたり、言質を取って指摘したりするようなことは絶対にやめてください。場の空気が悪くなるだけでなく、相手との関係性も悪化します。この予祝は、あくまで一人ひとりの意識のセットアップとして行っており、他者にはその成果について言及しないというスタンスでいてください。

リーダーシップ開発にも効果的な予祝とEQの関係とは

予祝をビジネスシーンで取り入れることのメリットはさまざまありますが、その1つはリーダーシップの開発に役立つ点です。特にEQ(Emotional intelligence Quotient〔こころの知能指数〕)の向上に貢献します。

これまでのビジネスシーンにおいて「感情」は邪魔なもの、出すべきではないもの、と認識されることが多くありました。しかし、心理学者のダニエル・ゴールマンの著書『EQ　こころの知能指数』(土屋京子・訳/講談社)によると、企業における優れたリーダーのコンピタンスは、IQ(知能指数)よりもEQ(こころの知能指数)が優れていることとしています。

「EQが優れている」とは、感情をむき出しにしたり、押さえつけてないがしろにすることではありません。リーダーは自分の感情に自覚的になり、その原因を内省し、見極めます。そして、感情を目の前の場に合った適切な形で表現し、全体のモチベーションアップに貢献するように活用するということです。

ビジネスの現場において、感情を活用する文化や風土に消極的だったり、適切なEQの指導者がいない状態でのEQリーダーシップ開発はやや難易度が高まります。また、ネガティブな感情を適切に処理し、場のモチベーションアップにつなげるには練習が必要です。

一方で、予祝であれば、基本的にはポジティブな感情にフォーカスしやすくなります。ここまで予祝をする際は、状況や事柄だけではなく、叶ったときの感情も加えることが大切だと説明してきました。前述した「予祝ミーティング」のように、予祝をビジネスシーンで活用し、感情を活用する練習として使うことができれば、一人ひとりが感情をビジネスで活用することに慣れていきます。また、感情を外に出すことへのネガティブなイメージを変えることができるでしょう。

予祝という大義名分を使えば、より自然な形で個人と組織のEQを高めることが期待できます。

チームメンバーが自分の望まない予祝をしたらどうする？

もしもチームメンバーや仕事相手が、自分の望まない形の予祝をしたら、どうしたらよいでしょうか。「もっと、こうしたらいいのに！」と心がざわつきますね。

例えば、ミーティングで予祝をしたとき、ファシリテーターとしては「明るい気分になった」「アイデアがたくさん出ていきいきとした場になった」などの意見が出てきたら、うれしいものです。

一方で、「空気が悪くならなければいいですね」「気持ちとか考えるのは苦手なので、あまりわからないです」など、ちょっと控えめな意見や、どちらかと言えば後ろ向きな発言をする方もいらっしゃるでしょう。そんなときはつい、ポジティブな意見に言い直してほしいと思って、望んだ形になるよう聞き直したくなることもあるかもしれません。ですが、それはやめましょう。

予祝によって一番得たい結果は、「**発言者がその予祝で気分がよくなっている（または、安心している）こと**」です。さまざまな価値観や考えを持つ人がいることは当然ですし、人によってはポジティブな内容のほうが、かえって不安や恐怖心を増長させてしまう場合もあります。

自分の価値観と違った予祝だからといって、自分の思い通りの内容への強制はしないでください。「みんなそれぞれ違っていいよ」とフラットにその予祝を受け止めましょう。

私の予祝エピソード❹

職場で年初に予祝をしたら、不安が消えて常識にとらわれないアイデアが浮かぶようになりました

日々忙しく過ごしていると、自分を見失うこともあるでしょう。会計事務所の所長として働くTさんは、予祝によって自分にとって本当に大切なことを再認識することができました。

＊　＊　＊

私は会計事務所の所長という立場にあり、仕事への責任感から、年末年始の休みもそこそこに、例年、1月2日から仕事漬けでした。

あるとき、ふと「いつまでこんなに仕事ばっかりしているんだろう。なんとかしないと」と思い、年初に予祝を使って「予祝目標」を立てることにしました。その目標は、「整理整頓して、年末年始には友達のところに遊びに行って、県外でお休みを取

って楽しんでいます」というものでした。そして、忘れないように、目の前にあった請求書の袋の裏に書いて、デスクに貼りました。

すると、4月には、銀行の担当者が変更になり、事業についてイチから説明する機会を得ました。それをきっかけに、「本当にやりたいことは何か?」を改めて考え、事業について整理整頓することができました。

5月には、事業の整理整頓ができたことで、本当に注力すべきお客様がはっきりしました。不思議なことに「方向性が少し違うな」と感じるお客様は、その後、先方から契約終了の連絡がきて、「人」の整理整頓をすることができました。

6月には、社員に家族が増えたことで、少し広い家に引っ越すことになったと連絡をもらいました。そこで、社員が家族のケアもしやすいよう、事務所を手放して在宅勤務のワークスタイルに変更することにしました。環境の整理整頓をすることができました。

事務所の片づけをしていると、昔受けたコーチングのメモが出てきて、自分の本来の性格を思い出すきっかけになりました。そして、「もっと自由に、やりたいことをやっていいんだ！」と昔の自分に励まされました。

7月には、やりたいと思っていた新規事業について、偶然お客様から「教えてほしい」とオファーをもらいました。そして、あっという間に新規事業がスタート。注力すべき事業とお客様だけになったので、時間の整理整頓ができました。

「整理整頓をして年末年始を楽しんでいる自分がいる」と想像すると、**目の前に起こる出来事をその予祝につなげて考えるクセができました。**すでに自分が年末にどうなっているか明確なので、何をするべきか迷いがありませんでした。不安や悩んでいる時間が減った代わりに、「何をしたいか？」を考えるようになったのです。

年始に行った予祝が、いつも立てている新年の目標と違い、「生き方そのもの」に影響を与えたのです。

もし、予祝ではなく目標としての「整理整頓」だったら、物の断捨離だけしかして

請求書の袋に書いた「予祝目標」

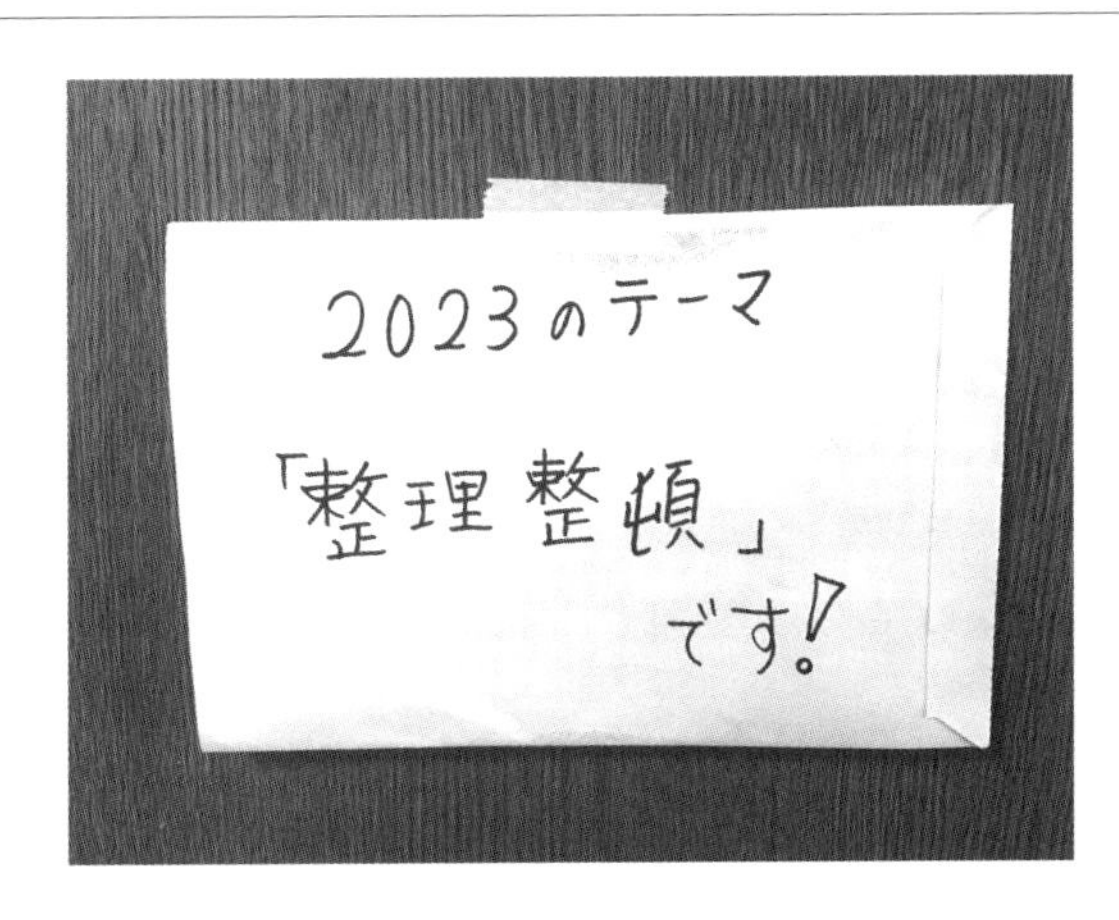

いなかったと思います。でも、予祝をすることで、解釈の幅が広がって、まったく違う発想をすることができました。まさか、物理的な事務所まで手放してワークスタイルを変えることになるとは想像もしていませんでした。

予祝は幸せについて考えるので、「本当の自分の幸せは何だろう?」とよく考えるようになりました。そのおかげか、これまでの常識にとらわれず、さまざまなアイデアが湧くようになったと実感しています。

私の予祝エピソード❺

55項目の理想のパートナー像を予祝したところ、52項目に当てはまる相手が見つかりました

◈ コーチングのクライアントであるAさんと、「理想のパートナー像」について、インタビュー型の予祝をしました。

＊　＊　＊

「理想のパートナー」の条件を、自由に制約なく思いつくことすべてを話しました。

自分一人で考えると、アイデアに行き詰まってしまっていたと思いますが、誰かに聞いてもらうことで、どんどんアイデアを出すことができました。

具体的には、次のような質問をしてもらいながら理想のパートナー像をイメージしていきました。

・その人はどんな人？　見た目や年齢、第一印象は？
・どんな人柄？　それは自分にとってどう魅力的？
・その人といるときの自分は、どんな気分になっている？
・一緒にいるときの会話で、よく使う言葉は何？
・仕事の価値観で大切にしていることは？
・人間関係の価値観で大切にしていることは？

そのときに出てきた「理想のパートナー」の条件リストは、なんと「55項目」にもなりました（156、157ページ参照）。

この予祝リストをつくってから2年後、「55項目中52項目が当てはまるパートナー」と出会い、お付き合いしています。

リストをつくるときに意識したのは、なるべく否定形よりも肯定形の表現にすることです。相手をチェックするためのリストではなく、予祝リストなので、自然と相手も自分も両方尊重する表現になりました。予祝リストをつくるときには、今後もこのポイントを意識していきたいです。

- [ ] 28 ▸ 実家と連絡を取っていないことを気にしないで、ジャッジせず受け止めてくれる
- [ ] 29 ▸ 金融、マスコミ、不動産、経営者、人事総務以外の仕事をしている
- [ ] 30 ▸ 野心より穏やかさ
- [ ] 31 ▸ 年収600万円以上
- [ ] 32 ▸ 私が仕事をすることに理解がある
- [ ] 33 ▸ 下にきょうだいがいる
- [ ] 34 ▸ 身長177センチ以上（安心感があるから）
- [ ] 35 ▸「頑張らないでいいんだ」と思える
- [ ] 36 ▸ 口が大きい
- [ ] 37 ▸ 普通体型
- [ ] 38 ▸ インドアでもアウトドアでもOK
- [ ] 39 ▸「嫌だなー」の感覚が同じ
- [ ] 40 ▸ 品がある
- [ ] 41 ▸ 一緒の趣味を楽しめる
- [ ] 42 ▸ 金曜から一緒に過ごして、土曜はアクティブに、日曜はのんびり過ごす
- [ ] 43 ▸ 彼のお母さんが干渉してこない
- [ ] 44 ▸ 自分の年齢の±3歳くらい
- [ ] 45 ▸ 一度付き合ったら長いタイプ
- [ ] 46 ▸ 恋愛経験が多くない
- [ ] 47 ▸ 理系に対してよいイメージを持っている
- [ ] 48 ▸ 面倒見がいい
- [ ] 49 ▸ 理解してくれて穏やか
- [ ] 50 ▸ 平和な気持ちでいられる
- [ ] 51 ▸ 友達が多すぎない
- [ ] 52 ▸ 気をつかわずに話せる
- [ ] 53 ▸ 許してくれて、怒らない
- [ ] 54 ▸ 先行きが見えないときに、きょとんと話を聴いてくれる
- [ ] 55 ▸ ピュアで相手を疑わない気持ちを持っている

Aさんの「理想のパートナーの条件」予祝リスト

- □ 1 ▸ いつも前向きな気持ちを持っている
- □ 2 ▸ 笑顔の印象がよい
- □ 3 ▸ 私の友達ともフレンドリー
- □ 4 ▸ 謙虚なタイプ
- □ 5 ▸ 連絡を取りたいと思ったときに取れる
- □ 6 ▸ 会う、会わないを考えなくて済む
- □ 7 ▸ 時間が合えば自由に会うし、会う前提でいる
- □ 8 ▸ 好いてくれている
- □ 9 ▸ 上から目線じゃなく、高飛車でもない
- □ 10 ▸ 人を見下さない。対等でリスペクトがある
- □ 11 ▸ 旅行が趣味
- □ 12 ▸ 食べるのが好き（家でも外でも）
- □ 13 ▸ 堅実（マネーリテラシーがある）
- □ 14 ▸ 誠実（約束を守る）
- □ 15 ▸ 自分がしたいからやっているという意識を持っている（見返りを求めない）
- □ 16 ▸ ほかの人が困っていたら、持っている半分をシェアできる
- □ 17 ▸ タバコを吸わない
- □ 18 ▸ すぐ「ごめんね」と言える
- □ 19 ▸ 素直
- □ 20 ▸ 自分の気持ちを話してもOK
- □ 21 ▸ 感情表現ができるし、私が感情表現をしても受け入れてくれる
- □ 22 ▸ 思いっきりわがままを言っても、受け止めてくれる
- □ 23 ▸ 安心できる
- □ 24 ▸ 結婚を考えられる
- □ 25 ▸ 時間にルーズじゃない
- □ 26 ▸ 私を大切にしてくれる
- □ 27 ▸ 未来を一緒に考えられる

誰かと一緒に
予祝をするのも楽しいね♪

ちょっとした会話で
マインドセットが変わるね！

第5章

◇

予祝したあとの効果的な過ごし方と叶い方

予祝が叶う3つのルート

予祝したことがどのように叶うのか、気になる方が多いでしょう。これまでの私の実体験やコーチングのクライアントたちに聞いた内容から、主に3つのルートがあると考えています。

ルート1 ある日ふと思い出したら叶っていた「棚ぼたルート」

願いを叶えるために、多少の行動が必要なのは第3章でお伝えしましたが、自分が「思った通りのルートや行動で叶うか」というのは別問題なのです。

例えば、Aさんが「副業を軌道に乗せて、年末までに100万円ほしい」と予祝をしたとします。

Aさんは「きっと仕事がうまくいって、100万円を手に入れるというストーリーなんだ（だって、それ以外でお金を得る方法なんて思い浮かばないし）」と思っているとします。すると、Ａさんの行動は「フリーランス向けの仕事受注サイトに登録して、受注コンペを頑張るぞ！」といったようになるわけです。

でも、予祝の叶い方は、それだけではありません。

実家に帰ったら、親から「そう言えば、あなたが小さいときにつくった通帳、渡すのを忘れていたわ」と言われて、受け取ったら１００万円入っていたとか、そういう変化球で叶うこともあるのです。

あるいは、前の職場の人とたまたま「ご飯を食べよう！」ということになり、副業をしていると話したら、新規案件を50万円で受注できたなど、すべてを自力で頑張って、自分の思い通りのルートで叶うとは限らないわけです。

では、何をすればよいのかと言うと、第3章で解説したように、「叶ったときのようないい気分で日々を過ごす」ということが大事なのです。予祝かどうかに執着せず、自分の機嫌を自分でちゃんと取ることです。精神的によいコンディションでいると、よい情報や必要な情報を手に入れるアンテナが磨かれるので、よい流れに身を任せることができます。

ルート2 モチベーションが下がらないので叶う「ワクワクルート」

例えば、ダイエットに関する予祝をした場合、何もせずに叶うというのはちょっと違いますよね（もしかしたら胃腸炎になって、3日間絶食したらやせた……なんて場合もあるかもしれませんが、あまりうれしくないでしょう）。
自分に都合のよい解釈で「予祝をしたから、毎日ケーキを食べてもＯＫ！」とはなりません。五穀豊穣を予祝した昔の人も、願ったあとに農作業をサボっていたわけではありません。

ここでポイントなのが、「私の願いは叶うんだ」という前向きな気持ちで行動しているかどうか、ということです。人は過去の失敗からくる痛みにとらわれたり、予測できない未来に対して不安を感じたりして行動をやめることがあります。

ダイエットも「本当にこのやり方でうまくいくのかな？」「うまくいかなかったら自分に自信をなくしてしまうかな？」などと思いはじめると、どんどん行動するのが億劫になって、モチベーションが下がります。

ですが、予祝によって、「私の願いは叶うって決まっているんだ」と思って取り組むとどうでしょう。未来からやってくる不安が打ち消され、「あれこれ考えずにとりあえずやってみるか」という気持ちになりませんか。この**「とりあえずやってみるか」という軽やかな考え方が、物事を継続させるモチベーションとしては、とても大切なのです。**力みすぎないからこそ、続けられるのです。

この力まなさは「執着のなさ」とも言えます。未来に得られるであろう結果だけにフォーカスして善し悪しを判断するのではなく、「今この瞬間の自分の心」を大切にするからこそ、うまくいくのですね。

ルート3 より望ましい方向で叶う「モデルチェンジルート」

沖縄県にいる経営者の友人は、「今期の仕事は県外のお客様が増えました！」と予祝。すると、その直後から県内で口コミが広がり、「お客様が増えたという意味では叶ったよ」と言っていました。

また、私自身の場合、無職だったころに、10年後の理想の仕事スタイルとして「好きなことで3つの仕事をしている。女性・美容・子どもに関する仕事。大きなスケールで人に教えている」と予祝をしていました。

結果は、

- コーチとして多くの女性クライアントのサポートをしている
- 美容系大学の講師をしている＋大学なので相手は子ども（ほぼ成人ですが）

というように、キーワードに近いことが叶っています。私は「教える」については研修講師としてどこかに登壇する姿をイメージをしていたので、まさか学校で働くという形で教えているとは夢にも思いませんでした。

こんなふうに的の中心にピタリと一致するというわけではなく、中心ではないけれど的にはちゃんと当たっている、ということは非常によくあります。

「自分の予祝とどのくらい近かったかな？」と答え合わせすると楽しくなりますし、ちょっとした違いがあるほうが、より執着せずにいられるので軽やかに過ごすことができます。

また、予祝しておくことで「やるべきこと、やらなくていいこと」の優先順位をつけやすくなります。先ほどの予祝のプライベート面では、「新築の家を買っている」と書いていたのですが、たまたま見返して「そろそろ家を買うんだった！」と思い出して見学に行ったところ、偶然のタイミングで新築の物件に出会うことができました。もしも予祝していなかったら、家を買う決断をずるずると先伸ばしにしていたかもしれません。

あなたの願いは、どのルートで叶うかは誰にもわかりませんが、**３つのルートに共通しているのは、「自分が常にご機嫌でいる」ということ**です。叶った気分で過ごすからこそ、叶う事実を発見することができます。ぜひ、日常的な「ケの予祝」（80ページ参照）を使って、自分のご機嫌度合いをセルフマネジメントしましょう。日々いろいろなことが起きますが、いつでも自分の力で、少しでもいい気分や、くつろいだ安心感に戻れるようにすることがとても大切です。

キャリア・デザインとキャリア・ドリフトの使い分けと予祝

予祝が叶う3つのルートを見ると、自らの理想に向かって行動力を発揮し、手に入れる能動的なルート（ワクワクルート）と、偶然の出来事から叶う受動的なルート（棚ぼた・モデルチェンジルート）の2パターンがあることがわかります。

これは、日本のキャリア研究の第一人者として著名な、神戸大学名誉教授の金井壽宏先生のキャリア論にも類似したことが書かれています。金井先生の著書『働くひとのためのキャリア・デザイン』（PHP研究所）によると、キャリア・デザインとは自分のキャリアを主体的に構想したり設計することであり、特に入社、昇進、結婚、転職、病気、介護などの人生の節目となるときには、複数の選択肢が目の前に現れるため、自分を見つめ直し、将来の方向性をじっくり考える「キャリア・デザイン」が大事だ、と述べられています。

一方でそれに並ぶ概念として「キャリア・ドリフト」を提唱されていて、ドリフトとは、漂流する・流されるという意味があります。つまりこれは、**変化や予期しなかった偶然の出来事、出会いを柔軟に受け止め、自然の流れに身を任せながら生きることも大切だ**という考え方です。

キャリア・デザインとキャリア・ドリフト両方の考え方を取り入れるべき理由は2つあります。

１つ目はＶＵＣＡの時代と言われている不確実性の高い現代において、長期間の予測を立てるのが難しい状況にあります。ですから、数年に一度の節目は、自分でしっかりとデザインしましょうということです。

２つ目は、不確実性を受け入れたうえで、自分の大切にしている軸や夢、目標を持ちながら、あえて流されることで、予期せぬ素晴らしい出会いがあるかもしれないためです（ただし流されっぱなしはＮＧです）。

特に、キャリア・ドリフトについては「**個人のキャリアの8割は予想しない偶発的なことによって決定される**」というスタンフォード大学のジョン・Ｄ・クランボルツ教授の「計画された偶発性理論（Planned Happenstance Theory）」でも研究されています。これは、予期せぬ出来事が起きた際に、柔軟性を持って行動できるように準備をしたり、対応したりすることでチャンスが生まれ、その経験の積み重ねでよりよいキャリアが形成されるという考え方です。

上手にキャリア・ドリフトするためには、予期せぬ物事に対しての柔軟性と気持ちの余裕が必要です。予祝は人生の節目の「キャリア・デザイン」に活用できるだけではなく、日々活用することで物事の捉え方そのものを楽観・開放的にする効果もあります。つまり、節目以外の出来事を自然にチャンスとして受け取り、活用する「キャリア・ドリフト力のアップ」にもつながると言えるでしょう。

予祝の内容の違いで叶いやすさに差は出るのか？

「予祝内容」によって叶いやすさに差が出るかどうかが気になるという方もいるでしょう。

まず、あなたの心からの想いや、魂が本当に望んでいるほうに近ければ近いほど、予祝としては叶いやすくなると考えています。これは前述していた「心願ちゃん」の純度の高さのことです。

私の見分け方は、予祝をしたとき、明確に身体に反応が出てきます。例えば、次のような反応です。

・ビジネス文書を書くときのような、頭で考えて書いている感じではなく、勝手に言葉がどこからか湧き起こってくるような感じがする

・言葉の出所は頭というよりは胸のあたり、またはどこか上のほうから
・身体の重心がほんわかとあたたかい感覚
・叶った状況に感動して涙が出てくる
・感謝の気持ちが湧いてきて「ありがたいなぁ……」としみじみする
・叶ったときの風景が写真のように映像でイメージできる（五感が反応する）

逆を言うと、「こうなったら、うれしいに違いない！」と妙に頭で計算したり、忖度したり、人目を気にしながら書いてしまっているな……と思う予祝はあまり叶いません。特に、世間一般で言われるような「成功や評価」に執着しているときは、難しいかもしれません。自然とニヤニヤしたり、ほかの人には理解してもらえないような自分だけのうれしいポイントに素直になることが大切です。

この純度の見分け方は、抽象度が高く、はじめは少しわかりにくいかもしれません。でも、日常に予祝を取り入れて実践することで、あなたの感覚や感性は豊かに磨かれていきます。

予祝後の効果的な過ごし方とブロックちゃんの対処法

■不安になるときや、落ち込んでしまうときの心の抵抗を分析する

自分の心からの願いであればあるほど「期待」してしまうのは人の性(さが)です。そして、その期待が大きければ大きいほど、「叶わなかったら、どうしよう……」という不安も生まれます。期待（心願ちゃん）への関わり方は、第3章で紹介しました。ここでは心願ちゃんとセットで出てくる不安（ブロックちゃん）の対処法を解説します。

まずは、あなたの中に住んでいるブロックちゃんの種類を分析してみましょう。ここでは、よくある9人のブロックちゃんを紹介します。ほとんどの人の中に1人ではなく、複数人のブロックちゃんが住んでいます。そして、その大きさや出てくる場面は人それぞれです。自分の中にいる特に大きな声を持っているブロックちゃんを見つけてみましょう。

ブロックちゃんの口グセ （頭の中に出てくる声）	気力や状態など
「私なんかがやっても」 「こんな自分でなければよかった」 「価値のない人間だから」 「とにかくだるい（何もしたくない）」 「環境が悪すぎるけど動く元気がない」	気　力：かなり疲れている 自尊心：自分のことは好きではない、価値を感じない 思　考：こんな自分でなければよかった、環境が悪すぎる、でも動く元気がない
「才能ないよ」「お金ないよ」 「そんな時間ないよ」「年齢的に無理だよ」 「体力ないよ」「アイデアないよ」 「自信ないよ」「やったところでムダだよ」	
「どうせ・とはいえ・やっぱり」＋「無理だよ、できないよ」 「だからやっても時間のムダだよ」 「前もこういうことあったし」 「もう、どうしていいかわからない」	気　力：やや疲れている 自尊心：自分は嫌いではないが人と比較して落ち込むことが多い 思　考：過去の失敗からなかなか抜け出せない。コンプレックスを解消したいがどうしていいかわからない。キラキラした人を見ると「いいな」と思うが、生きる世界が違うと思ってしまう。何をどうしていいかわからない。やっても続かない
「あの子は、自分よりできるからな」 「なんであの子は私より○○なんだろ」 「私なんて、何やっても大したことできない」 「嫉妬されても困るし」 「あの人がいるせいで私がうまくいかないんだ」	
「変な人だなって思われるんじゃないかな」 「昔、嫌われたことあるしな」 「本当の自分を知られたら人が離れちゃうんじゃないかな」 「興味なくても、付き合わないと嫌われちゃうかも」	
「危ないよ！」 「絶対失敗する」 「今の自分には早いよ」 「未熟だからやめておいたほうがいい。ちゃんと準備しないと」	気　力：やや疲れている 自尊心：自分は嫌いではないが人と比較して落ち込むことが多い 思　考：過去の失敗からなかなか抜け出せない。コンプレックスを解消したいがどうしていいかわからない。キラキラした人を見ると「いいな」と思うが、生きる世界が違うと思ってしまう。何をどうしていいかわからない。やっても続かない
「もっと！　ちゃんと！」「みんなやってるよ？」 「休んでいる間にも働いている人はいるんだよ」 「天才じゃないんだから、頑張り続けないと」	気　力：ふつう～元気 自尊心：人と比べて比較的よい評価をもらうことが多く、頑張っている自分に価値を感じるし好きだ。たとえ嫌いなことでも努力しろと言われればできてしまう 思　考：責任感が強く、期待に応えたい努力家に多い。ちゃんとしないと！　いいアウトプットを出さないと！　こんなんじゃだめだ！　人前ではできるだけ完璧にふるまい、一人だと廃人になることもある
「ちょっとめんどくさい」「遊びたいな～」 「明日もあるし、今日しなくていいよ」 「やらないといけないのはわかってるけどね」 「一度はじめたら後戻りできないし、大変なんだよね」	
「ふつうなんてダメ。感動レベルまで」 「上には上がいるから」 「もっと市場価値をあげないと」 「やるからには死ぬ覚悟でやり切らないと」	
新しいことにチャレンジするときは長年付き合ってきたブロックちゃんの声が聞こえることもある。しかし、自分の本音とブロックちゃんの声を切り分けられる。時と場合に応じて「心願ちゃん」の声で自らを癒したり、励まし、行動に移すことができる	気　力：ふつう～元気 自尊心：自分の信念や価値観をしっかりと持っており、その正しさに自信がある。今の自分に安心し、未来に希望を感じている 思　考：これまで自分をつくり上げてきた環境や他者に感謝しつつ、自律的に行動することができる。価値観がしっかりしているがゆえに、異なる価値観の人や行動を見ると受け入れがたく感じる
	気　力：とても元気 自尊心：自分のあらゆる側面を受け入れており、他者の価値観も取り入れながら常に自分を変容させていく力がある 思　考：自分の意識は世界が地続きでつながっているような感覚がある

ブロックちゃんの出現と自尊心マップ

No.	心の状態スケール	出現しやすいブロックちゃん
①	無気力・無能・絶望	ゲキチンモグラ
②	自己卑下・自信喪失	アラナイナイグマ
③	挫折・諦め	ムリカメー
④	復讐・嫉妬	ヒカクドリ
⑤	対人関係の恐れ	嫌われチャウゾウ
⑥	未来への疑い・心配	カホゴルー
⑦	緊張・不安・悲観	スパルタン
⑧	現状維持・不確実性への恐れ	サキオクール
⑨	退屈・貪欲	ゴリマッチョ
⑩	心の平安・満足・いい気分（心願ちゃんの領域）	ブロックちゃんが出てきても、自分で対処できる。あるいは上手に付き合っていくことができている
⑪	希望・楽観・情熱（心願ちゃんの領域）	
⑫	感謝・喜び・愛・自由・感動・つながり（心願ちゃんの領域）	

9人のブロックちゃんにはそれぞれ口グセがありますが、これは実際にあなたが口に出している口グセではありません。何かをしようとしたとき、**あなたの頭の中に浮かんで出てくる思考の中で聞こえる口グセです。**

また、このブロックちゃんは172、173ページの表で①に近いほど自尊感情が低いときに現れやすく、⑨に近づくにつれ、自尊感情が高いときに現れやすくなり、⑩〜⑫の心の状態だと、ブロックちゃんとうまく付き合えているため、その存在が気になっていません。そのときの自分に対する感情に紐づいて現れることが多いのです。前述したように、ほとんどの人の中に複数のブロックちゃんがいます。仕事のときに現れやすいものや、プライベートで出てきやすいものなど、シチュエーションによって違うこともあります。ぜひ一覧を見て「自分の中に住んでいるブロックちゃん」を複数見つけてみてください。

① ゲキチンモグラ
——自分の希望なんて叶うはずない（無気力・無能・絶望）

「ゲキチンモグラ」が出てくる方は、予祝はいったん棚上げしましょう。

なぜなら、ゲキチンモグラは肉体的にも精神的にもかなりの確率で疲れているサインだからです（加齢による疲れとは違います）。仕事が忙しいとか、毎日心労を感じているとか、慢性的なものや、強いストレスが原因です。ストレスは外的な要因だけではなく、内面においても自分自身に対して、少し厳しすぎる側面もあるのかもしれません。何かを考えたり生み出したりすることは、ものすごく体力と気力を使います。せっかくはじめても、続けるエネルギーがないと、やりたいことができない自分に落ち込んでしまいます。

ゲキチンモグラが出てくる場合は、心がすり減って繊細になりすぎているか、逆に鈍感になりすぎているので、思いきって何もせず、たくさん休むとよいでしょう。

ポイントは、休むことに罪悪感を覚えないこと。せっかく休んでいるのに「何もしていないのはヤバい！」と思ってしまったら、また負のループです。間違っても「ジムに行って体力をつけよう」といった、心身を酷使する行動はやめましょう。骨折している状態でジムに行くようなものです。まずは気力と体力を回復させましょう。

② アラナイナイグマ

――自分が悪い。何もできないよ（自己卑下・自信喪失）

「アラナイナイグマ」は、あなたにとって一番言われたくないことを、的確に、そしてそれが世界の真実であるかのように話しかけてきます。「いかに自分自身がダメな人間であるかをわからせてやらなくちゃ！」という感じです。あなたを「失敗するくらいなら、手を出さないほうがましだ」という気持ちにさせます。頭の中に「〇〇がないから」という言葉が出たら、「アラナイナイグマがきた！」と認知してください。

③ムリカメー
――叶わなかったら落ち込みそうだから、やらないほうがましだ（挫折・諦め）

「ムリカメー」は、あなたのやる気をばっさりとそいできます。頭の中で、「過去に失敗した自分」「頑張ったけれどうまくいかなかった苦い経験」がループ再生されているような状態です。

そのため、「どうせ……」の言葉を深掘りし、思い通りにならなかったら自分のことをもっと嫌いになってしまう、これ以上は傷をつくりたくない、傷をつくるくらいならやらないほうがましだと、守ることを第一に考えています。決して

やる気がないわけではなく、「これ以上、傷つくことに耐えられそうにない」という感覚です。

④ヒカクドリ
――あの人のせいだ・自分だけ幸せになったら妬まれそう（復讐・嫉妬）

「ヒカクドリ」は、何かをしようと世界を見渡したとき、周りと自分を比較して落ち込んでしまったり、嫉妬心が生まれてしまうときに出てきます。あるいは、「自分だけ幸せになったら嫉妬されてしまうのでは？（出る杭は打たれる）」と思ってしまい、周りと馴染むことに安心感を覚え、人と違うことによって目立つ行為を避けようとします。でも、心の中ではそんな人をうらやましいな、と思っています。

また、SNSを見たとき、SNSの世界なんて虚像やある種のファンタジーだとはわかっていても「才能（時間・お金・影響力）がある人はいいよね」「私とは条件が違いすぎる」「できている人もいるのに私はダメなんだ」と、他人と自分を見えているものだけで比較して落ち込んでしまいます。

⑤嫌われチャウゾウ

——それやったら、嫌われるよ（対人関係の恐れ）

人間関係をよくしようとして、無意識に八方美人になってしまう方によく潜伏しているのが「嫌われチャウゾウ」です。世知辛い世の中を生き抜くために、周りに尽くし、人前ではよい自分でいようと懸命に働きます。

また、自分より、さして頑張っていないように見えて、人間関係が楽しく豊かそうな人を見ると、イライラしたり悲しくなったりします。

NOを言うことで、相手を怒らせたり、不機嫌にさせたり、評価が下がったりすることはとても怖いことだと感じています。「他者からの評価＝自分の評価」だと思っているので、人の評価に振り回されたり、依存してしまうところがあります。

⑥カホゴルー

——幸せは続かないはず。先に不幸になっておこう（未来への疑い・心配）

「カホゴルー」は、やるべきことは一通りできる自負はありますし、周りに支持されたり、必要があればチャレンジもしないわけではありません。ただ、絶対にできるという確信が持てるものや、責任は誰かと折半して持っているものでないと、一人では背負いきれないなと不安になります。そのため、もっと準備ができてから、成長してから、経験を積んでから、とやや頭でっかちになっています。

ほかにも、「幸せは長くは続かない」「盛者必衰（じょうしゃひっすい）」「調子に乗ると罰が当たる」という言葉を信じているので、自分の調子がよくなると、急に怖くなってきて、無意識のうちにブレーキを踏みます。

⑦スパルタン
——甘やかしたら自分はダメになってしまう（緊張・不安・悲観）

「スパルタン」は、自分のことは平凡・ふつう・そこそこな存在であると思っています。現状維持は衰退である、という言葉を聞くとドキッとします。

まずは、あらゆることを「平均点以上にしないとふつうには生きていけない！」と思っています。苦手分

野にも、果敢に取り組んで努力でカバーしていますが、苦手は苦手なので、やっていてつらいなと感じています。得意な分野もあるものの、ものすごく秀でているわけではないのであと回しです。そこを伸ばすよりも、苦手分野の解消に気力・体力・時間が取られています。

⑧サキオクール
――今のままでも悪くないんじゃない？（現状維持・不確実性への恐れ）

「サキオクール」は、燃え尽き症候群の感覚に似ているかもしれません。仕事もプライベートも自立している自分に対してある程度信頼もあるし、いざというときには頑張れる自分がいることもわかっています。

「ゲキチンモグラ」のような無気力さとは違い、プロジェクトをやりきった、ライフイベントを乗り越えたなどの転機のあとや、ある程度、仕事に慣れて、ふと立ち止まって未来を考えようとしたときに出てきやすいでしょう。

例えば、英語の勉強をしたほうが昇進に有利だとわかっているけれど、今の業務上ではそれほど英語を使う機会がないので、必死に勉強しようという気持ちにはならない、という感じです。現状がとても安定しているので、新しいことにチャレンジして、わざわざ不確実な未来に足を踏み入れることはストレスを感じそうで嫌だなぁと、本当に見るべきことからは目をそらしています（そして、そんな自分に薄々気づいているので、より居心地が悪い状態です）。

⑨ゴリマッチョ

――今の自分ではまだまだ足りない。もっともっとほしい（退屈・貪欲）

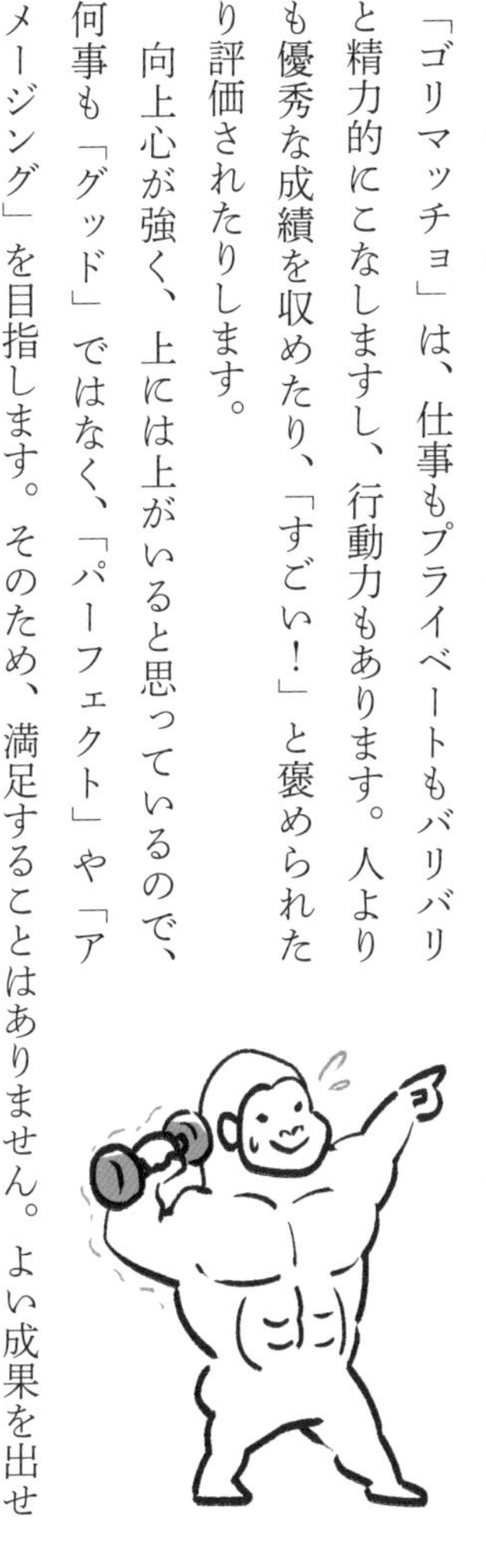

「ゴリマッチョ」は、仕事もプライベートもバリバリと精力的にこなしますし、行動力もあります。人よりも優秀な成績を収めたり、「すごい！」と褒められたり評価されたりします。

向上心が強く、上には上がいると思っているので、何事も「グッド」ではなく、「パーフェクト」や「アメージング」を目指します。そのため、満足することはありません。よい成果を出せたり、気力や体力が続くうちはよいのですが、うまくいかなかったり、気力・体力が衰えてきたとき、自分の価値が薄れてなくなってしまうような恐怖心が湧きます。

また、休むことや遊ぶこと、ムダに思えることは価値がなく、成果を出すうえで悪いことだと思っているので「何もしない充実感を味わう」というのが苦手です。

ブロックちゃんと上手に付き合う

ブロックちゃんは、あなたにとって悪者ではありません。

あなたが現状に変化をもたらそうとしているときに必ず出てきます。つまり、ブロックちゃんが出てくるということは、あなたが何か新しいことにチャレンジしているという証拠でもあるのです。ときにはブロックちゃんの言うことに従ったほうがよいこともあるかもしれませんし、ブロックちゃんを脇に置いて、多少のリスクを取ってでもチャレンジをし、変化をもたらすべきときもあります。

もっとも大切なのは、ブロックちゃんの行動を止める声と、自分が今、何のために行動や変化を起こそうとしているのかを自覚的になって分けることです。自分の中にいるブロックちゃんのタイプがわかれば、「今、頭の中に浮かんだ考えはブロックちゃんのものであって、自分の本心ではないな」と気づくことができます。気づくことができれば、いったん冷静になって対処できるのです。

次のページからは自分の中にいるブロックちゃんへの対策方法を紹介します。

セルフコーチングで不安を軽くすればリスクや失敗に備えられる

どの人も通常、複数のブロックちゃんを抱えています。先ほど紹介したブロックちゃんのうち、自分の中によく出現するブロックちゃんに目星がついたら、セルフコーチングを使って対策していきましょう。

まずは、コーチングとは何かについて説明します。

セルフコーチングとは何か？ その効果は？

一般社団法人国際コーチング連盟によると、「コーチングとは、思考を刺激し続ける創造的なプロセスを通して、クライアントが自身の可能性を公私において最大化させるように、コーチとクライアントのパートナー関係を築くことである」と定義されています。

コーチという「応援と対話のプロ」が、クライアントに対話形式でさまざまな質問やワークを提供します。何かを教えるティーチングとは違い、関係は対等です。コーチは、クライアントのあらゆる可能性を信じ、「自ら答えを出していく創造性」を引き出していきます。クライアントは、引き出された可能性を使って行動し、人生を望む方向へと変容させていきます。

コーチングの価値が真に発揮されるためには、単に質問や聴き方のテクニックが優れていることだけではなく、「コーチとクライアントの関係性」がとても大切です。本書で紹介するのは、自分が自分のコーチになって、自分と向き合い、変化を促す「セルフコーチング」という方法です。

セルフコーチングを行うと、単に問題解決や目標達成をするだけではなく、自分自身と深くつながることができます。つながることで、理解が深まり、自分をコントロールしやすくなります。そして、予祝をするうえで、心願ちゃんが出現しやすくなります。

ブロックちゃん対策のための練習問題

セルフコーチングのための練習問題を用意しました。

ぜひ書き込みながら、あなたの中にいるブロックちゃんを知り、あなたにとって本当に必要な選択をする方法を手に入れましょう。

練習問題 あなたの中にいる一番強い〝ブロックちゃん〟を見つけよう

あなたは幼いころから、とある世界遺産が大好きで、家にたくさんの資料があります。しかし、その世界遺産は、あなたが住んでいる場所からは、あまりにも遠いところにあるため、今まで一度も訪れたことがありません。「将来、大きくなったら絶対に行こう!」と心に決めて、予祝もしていました。そして先日、商店街の福引で、その世界遺産への旅行チケットが当たりました! あなたは「予祝が叶った!」と、とてもうれしい気持ちになった半面、違った気持ちも出てきました。

この機会を逃すと、その世界遺産は観光客の見学を終了し、取り壊されて二度と見ることはできなくなります。しかし、旅行するならば、あなたは会社を2週間休まなければなりませんし、貯金の40%を使うことにもなります。

❶さぁ、あなたは今、どんな気持ちですか？　どのブロックちゃんが出てきて、何と言っているでしょうか？（複数いてもかまいませんし、173ページで紹介した9人以外のブロックちゃんを自由につくってもかまいません）

❷そのブロックちゃんの声を聞くと、どんな気持ちになりますか？　2つ、3つ出してみましょう。

❸そのブロックちゃんに「生まれたきっかけは？　いつから私の中にいますか？」と聞いてみましょう。

・きっかけは？

・いつから？

❹ブロックちゃんに「私に意見を言うのはどうして？　私にどうなってほしいの？」と聞いてみましょう。

・意見を言うのはどうして？

・どうなってほしいの？

---

❺あなたの人生の選択権はブロックちゃんではなく、あなたが持っています。ブロックちゃんはあなたの本心ではありません。あくまで脇役です。あなたはブロックちゃんの意見を受け入れることもできますし、いったん脇に置くこともできます。あなたが「本当に」求めていることのために、あなたは今どんな選択が必要ですか？

❻今後、ブロックちゃんが出てきたときの、あなたなりの付き合い方を書いてください。

〈例〉「今はやりたいことがあるから、ちょっと後ろにいてね」と声をかける

この練習問題は一例ですが、こんなふうにセルフコーチングを使ってブロックちゃんと対話をしてみましょう。

大切なのは、ブロックちゃんの意見に気づくということです。私たちはどうしてもブロックちゃんの意見を自分の本音だと勘違いしてしまうことがあります。今、頭の中に浮かんでくる意見は「ブロックちゃん」なのか「自分の本音の意見」なのかを切り分けることができれば、まずは十分です。「ブロックちゃんはああ言うけれど、本当の自分はどうしたいのか？」と意見を切り分けることができれば、自分を客観的に見て判断しやすくなります。そのうえで、どの意見を採用するか自分が主体的に決めることで、人生の選択肢に対する主導権を握る充実感と自信が得られます。

6 やることを1つ決めたら、やめることも1つ決める

予祝をすると、やる気やエネルギーが湧きます。あんなこともできたらいいな、こんなこともできたらいいな、とワクワクして、いろいろなことをやってみたくなります。

ブロックちゃんの対策をして、「何かアクションを起こそう！」と思ったら、必ずそのアクションと同じ大きさのものを１つ手放しましょう。手放すとは、何かの行動をやめることかもしれませんし、ストレスになっている考え方をやめることかもしれません。大切なのは自分が今、持っている時間・体力・お金・エネルギーなどを、本当に必要なことや自分を喜ばせることのために使うことです。

例えば、予祝で海外赴任を叶えたい方がいます。その方は、「英語の勉強をする」というアクションを起こすことにしました。

勉強時間をつくるため「電車に乗ったら英語の勉強をする」と決めました。でも、私たちはすでに、それなりに毎日頑張って生活していますよね。そこにプラスして、勉強することによって新しい負荷（ストレス）がかかります。

行動面だけで見れば、電車の中で何気なく行っていた「ぼーっとする」「リフレッシュする」「少し眠る」「仕事のメールを返信する」「趣味の漫画を読む」など行動が、「英語の勉強をする」に変わるだけですが、私たちはタスクをこなすだけのロボットではありません。行動を増やしたときに起こる心の負荷（ストレス）の帳尻合わせもしないとうまくいきません。

つまり、勉強が習慣化し、負荷が軽減されるまでは、同じくらいの心の負荷も手放さないと帳尻が合わなくて、いずれはつらくなってしまうということです。これが三日坊主やモチベーションダウンの原因です。

この方は、「電車の中で少し眠る（＝ストレスを解消する）」を無意識にしていました。それが、英語の勉強によって、そのストレス解消時間が削られてしまったのです。そこで、気持ちの面では「あまり勉強が進捗しなくても自分を責めたりしない」とか「家の掃除を毎日から2日に1回にしてリフレッシュの時間をつくる」など心の負荷（ストレス）になるものを減らす工夫をすることで、帳尻合わせをしました。

三日坊主にならないためには、この「帳尻合わせ」が大切です。

私もお恥ずかしい話ですが、子どもがいるため、家は片づけても片づけても無限に散らかります。「仕事もちゃんとこなして、家も毎日リセットしてきれいに片づけよう！」と思うとつらくなるので、例えば、散らかったおもちゃは、「端に寄せておけばＯＫ」「分別しなくても、大きなかごにまとめて入れればＯＫ」「何なら、そのままでもＯＫ」としています。やることだけを決めるのではなく、同時にやらないことを決めているのです。細かなことを気にしなくなった分、残った気力と体力で思う存分仕事に没頭したり、子どもたちと遊ぶことにしています。

練習問題 **アクションを起こす前に考えてみてください**

❶あなたが一歩進むために、はじめたいことは何ですか？

❷それは一日の生活において何％くらいエネルギーを使いそうですか？

❸それを行うために、何をやめますか？（行動または思考、どちらでもＯＫ）

7 結果だけではなく、過程を楽しむ工夫をする

予祝を叶えるために何かをはじめると、「いつ叶うのかな?」「どうやって叶うのかな?」と、はじめのうちはワクワクした気持ちになるかもしれません。

それは悪いことではありませんが、結果ばかりを見てワクワクしていると、時間が経つにつれ、「一体、いつになったら叶うのよ!」と叶わないことにフォーカスするなど、次第に執着心へと変わってしまいます。


結果は自分の意思でかんたんにコントロールできませんし、まして仕事となれば他人の評価で決まることも多いでしょう。

自分がコントロールできない・しにくい分野においては、結果ばかりを気にすると、感情が振り回されてしまい、

頑張ったのに、たいして変わらない、思い通りにならない
⬇ せっかく起こしたアクションをやめてしまう

という負のループにハマってしまいます。

そこで提案したいのが、結果は棚上げして、プロセスにフォーカスするという方法です。世の中には、「継続は力なり」という言葉がありますが、「継続した分野でいい結果が出るよ」ということではなく、「結果はわからないけど、続けることで必要な学びがあるから自分の力になるよ」という認識に変えてみることをおすすめします。

結果へのこだわりを捨てたら、あとは自分の１つひとつの行動を「どうやったら少しでも楽しくなるかな？」という視点で工夫してみましょう。私たちはリスクを避けることは得意でも、自分がどうやったら楽しくなるのかを知っている人は多くありません。自分が楽しめる工夫ができるようになれば、自然と続けられたり結果が出たりします。

なかなか叶わないときに試してみてほしいこと

予祝後の最もパワフルで効果的な過ごし方は、「すでに叶ったつもりで生活してみる」です。これは予祝の3因子「うけいれ」「あじわい」「たのしむ！」の「あじわい」と「たのしむ！」を実行するのにも効果てきめんです。

実は私は、この本の出版が決まる4年前から「いつか出版してみたい」と思って、何度も出版のチャレンジをしていました。ときには1000社に企画のメールを送ったこともありました。そこまでしたにもかかわらず、結果は実りませんでした。

そこで今回、「もしも私がすでに著者として何冊も本を出しているとしたら……？」と、その生活を「あじわう」ために妄想することにしました。

もしも私がベストセラー作家だったら……

朝食を取ったら、自宅の書斎かお気に入りのカフェやワークスペースで、次の本の執筆をしているんだろうな。ずっと座りっぱなしで運動不足が気になるから、ワークアウトもしておこう。食事は眠くならないように、炭水化物は少なめがいいかな。ネタや資料探しのために、本屋や図書館にも行くし、興味があることには積極的になっていそうだなぁ。自分のペースで執筆できるのって、子育てとの両立もしやすそうでいいな。そういう生活、今とは違ってメリハリがついて、楽しい気分になりそうだなぁ。


次に「たのしむ！」ため、「なんちゃって著者」として、実際にその生活をしてみることにしました。本当に楽しいのかどうか、体験してみたかったのです。

前述した通り、朝食後に少し歩いて、お気に入りのワークスペースに行きました。

そして本を書きはじめました。もちろん、そのとき現実では出版が決まっていませんでしたが、なんちゃって著者なので、頭の中で本はすでに出すことになっています。

「先生、早く原稿を書いてください」なんて脳内編集者にツッコミをもらいながら、ムフムフと書き進めました。

これまでたびたび失敗に終わっていた出版ですが、「出すって決まっている」という気持ちでいると、何だか自信が湧いてきました。やっぱり先行きが不確実なことって怖いものです。

しかし、その不安がなければ、何だってできるんだなとつくづく思いました。一番驚いたのは、「なんちゃって著者」の状態になりきって著者生活をしてみると、仮原稿は4日ほどで書き上げることができてしまったのです。

せっかくなので、その原稿を各出版社のホームページから直接エントリー（いわゆる原稿持ち込みのWEB版）をしました。すると、6社に送って3社からすぐに返事があり、その後、めでたく出版が決まりました。

あなたもぜひ、できるところからでかまいません。何か1つでも「叶った自分になりきって」アクションを取り入れてみてください。その際はぜひ、遊び心を持って楽しんでください。

いい気分で過ごすことに専念しよう

予祝をした直後は、ほとんどの人が、安心感やいい気分を感じています。現状とは違った開放感や期待、自分の願ったことが現実になったことへの達成感があるからです。つまり、「予祝で感じた気分＝叶ったときの気分」そのものです。

「笑う門には福来る」ということわざがあります。福がくるから笑うのではなく、笑うような楽しい・心に余裕がある状態だから福がきたことにも気づくわけです。つまり、叶ったという結果を手に入れるためには、叶ったときの気持ちで過ごせばよいということです。

まったく同じ気持ちになることはできませんが、１７２、１７３ページの「ブロックちゃんの出現と自尊心マップ」を見てください。叶ったときの気持ちは、何番のときでしょうか？　その番号の気持ちになるよう、自分の感情を大切にして過ごせばより願いは叶いやすくなります。

叶ったときの気持ちが⑪なら、１日の中で⑪の気持ちになる瞬間を5分でも持てばOKです。「四六時中、⑪の状態でいましょう！」というのは難しいので、例えば、仕事が終わって帰宅したあと、自分の好きなことをしてワクワクした気持ちを味わう、頑張った自分をねぎらい自分を認めてあげるなど、１日１分でもよいのでホッとする・いい気分を感じる時間を意図的に増やすことが大切です。悲しいことやつらいことがあったときであれば、無理して気分を一気に引き上げようとするのではなく、今いる気分の状態からほんの少しだけよい状態にするのもよいでしょう（例えば、今の気持ちが④だったら⑤や⑥にするだけでも違います）。

たった１つ上の状態や短い時間のみ気分を変えただけだったとしても、自分に対して手をかけたことは、必ず効果が表れます。たくさんの時間も、お金も、特別な才能も必要ありませんから、だまされたと思ってやってみてください。

予祝を叶えることで人生を展開させていく人はどんな人？

予祝を使って、自分の人生を楽しそうに波乗りしていく人がいます。いくつか要件はあるのですが、大きな特徴が１つあります。それは、「**自分が喜ぶことを応援できる自分でいること**」です。予祝の３因子における「うけいれ」ですね。

私たちは、「（自分以外の）人のためになること」「人を喜ばせること」に関しては、ほとんど無意識に「よいことだ」と考え、行動に制限をかけることはあまりありません。しかし、「自分で自分を心底喜ばせること」「自分を笑顔にすること」に関しては、あと回しにしたり、抵抗を覚える人が多くいます。これは、なぜでしょうか。

例えば、自分を幸せにしようとしたとき、１７３ページで紹介したブロックちゃんたちから、こんな声が聞こえてきませんか。

「自分に甘いのは悪いことだ」

「自分が幸せになったところで、何の価値（意味）があるのか。それだったら、誰かのために何かをしたほうが、意味があるのではないか」

「自分を甘やかしてしまったら、成長しない（あるいはだらしない）人間になってしまうのではないか」

「幸せになっても、いつか悪いことが起きるんじゃないか」

こんな声が聞こえてくるうちは、やりたいことを見つけてもそれを認めたり、実行したりすることは、なかなかできません。仮にできたとしても、否定の声が大きいため、長続きしないのです。

なぜなら、ほとんどのやりたいことは、日の目を見るまでに時間がかかったり、誰かのためにならないことがスタート地点だったりします。自分が「やりたい」と思ったことの小さな種をまず受け止め、「いいね！」と肯定し、「やってみなよ！」と励ましながら**はじめの一歩を応援できるのは、自分しかいないのです。**

そう、自分が自分を応援できる状態でいること。
実は、これが「うけいれ」に必要なことであり「予祝を使って自分の人生をうまく波乗りしていく人」の大きな特徴です。
繰り返しになりますが、どんなに素晴らしいアイデアも最初は小さな種です。その種を人の目に触れさせ、人に交わる大きな畑に植えるまでは「安心して芽を出せる心の土壌」が必要です。それは、誰かにもらうものではなく、まずは自分の土壌で育てないといけません。

私たちにとって、やりたいことを見つけようとするのは、心豊かに生きるうえでとても大切なことですし、コーチングのプロとして、心から応援していることでもあります。でも、私たちはやりたいことを見つけて、それをただ実行すれば自動的に心豊かに幸せになれる、よい人生になる、というわけではありません。

心豊かな幸せや充実感を感じるためにはステップがあります。

ステップ❶　やりたいことが何かを模索する（Doing）
ステップ❷　やりたいことを発見する（Doing）
ステップ❸　やりたいことを実行する（Doing）
ステップ❹　やりたいことを実行している自分や環境に感謝する（Being）
ステップ❺　幸せや充実感を感じる（Being）

ただやりたいことを実行する（Doing）だけではなく、「やりたい！」と思うことを心置きなく存分にできていることを通じて何を感じるか？　どういうスタンスでそれを行うか？（Being）が大切です。実行を通じて自分や周りへの感謝を実感したとき、人生が自由だということに対する充実感、そして自分という存在への信頼感を覚えるはずです。

あなたは「ほかの誰でもなく、自分の幸せの一番の応援団長は自分だぞ！」と思えていますか？　もしも不安を感じたら、予祝マインドを育てる10のワーク（第3章参照）をどこからでもよいので取り組んでみてくださいね。

おわりに

本書を手に取ってくださり、ありがとうございます！

この「予祝本」で私が一番伝えたかったことは、「自分にやさしくなろう」ということです。

あなたの人生で、最も長い時間を共に過ごす人は一体、誰でしょうか。

それは、親でも、きょうだいでも、友達でも、パートナーでもありません。

自分自身です。

「やさしくなる」ということは、ただ「甘やかす」という意味ではありません。

本当のやさしさの中には、ちゃんと厳しさも含まれているからです。

あなたが何かをするとき、自分に対して厳しい言葉を投げかけることがあると思います。表面上では厳しい言葉でも、背景には「（私は）わずかでもできる可能性を諦めていないよ」「きっと乗り越えられるよ」という、心からの愛情と信頼から出てきているはずです（誰かに言われる、それとは違います。他者の意図はわからないからです）。

もしも本当に心の底から「どうせ、お前なんかできないだろう」「無理に決まっている」と思っていたとしたら、言葉を投げかけることすらしないでしょう。

自分の人生の可能性を信じている自分が、誰しも自分の中にいることに気づいてもらえたらと思います。

また、自分にやさしくなるということは、ご褒美にケーキを食べるとか、マッサージに行くとかだけではありません。頭の中で聞こえてくる自分に対する声を、やさしく愛情にあふれたものにするということです。

「お前みたいなやつ、努力しないと人並みになれないんだぞ！」ではなく、「私は頑張っている自分を知っているよ」とやさしくねぎらい、励ましてほしいのです。

その励ましで、元気になってきたら「予祝」でワクワクした未来を描いてください。

自分の中にいる、もう一人の自分と一緒に「こんな未来になったら、すごく楽しそうだね！」と手を取り合って喜んでください。

本書では、そうするための方法を取り扱ってきました。もちろん、今すぐ全部できなくてもかまいません。私自身も、日々刻々と変化するライフスタイルにチューニングしているので、まだまだだなぁと思うことばかりです。

例えば、友達と仲よくなるとき、その人のことを少しずつ時間をかけて知っていきますよね。それで、どんどん好きになる。これは、自分に対しても同じです。

知るから、好きになることができます。
知るから、信頼が湧き自信になります。
知るから、支えたい、応援したいと思うエネルギーになります。

本書を通じてあなたが少しでも、自分自身のことを一歩踏み込んで知り、そして自分と仲よくなれていたらうれしいです。

本書を執筆するにあたって、メンターとして素晴らしいディスカッションをしてくださった島津清彦さん、右腕として支えてくれた奥千加さん、編集者として伴走してくれた板谷美希ちゃんと日本実業出版社のみなさま、最高に笑える挿絵を描いてくださった村山宇希さん、そして、予祝仲間のみなさん。本当にありがとうございます！

＊本書はまだ出版も何も決まっていない2023年9月8日に「予祝」の一環として書きました。もしも本当に出版していたら、この予祝はめでたく叶いました！　ありがとうございました。

2024年4月

眞柄真有奈

眞柄真有奈（まがら　まゆな）
ソウルフルライフ株式会社代表取締役・プロフェッショナルコーチ／山野美容芸術短期大学特任准教授。人材系上場企業にて営業職を経験後、IT／WEB系企業にて人事を経て2016年に独立。「心に従って生きる人を増やす」を理念に2019年より法人化。現在は、ベンチャー企業の経営者、上場企業の管理職を中心にのべ500名以上のコーチングを行う。大学ではコーチングスキルを応用した必修科目「美道プロジェクト」において、自分らしい人生の創り方を教えている。
保有資格：国際コーチング連盟 PCC、CTI認定 プロフェッショナル・コーアクティブ・コーチ（CPCC）、6seconds認定 EQプラクティショナー

人生（じんせい）が変（か）わる予祝（よしゅく）のまほう

2024年 5月 1日　初版発行

著　者　眞柄真有奈 ©M.Magara 2024
発行者　杉本淳一

発行所　株式会社日本実業出版社　東京都新宿区市谷本村町3-29 〒162-0845
編集部 ☎03-3268-5651
営業部 ☎03-3268-5161　振　替　00170-1-25349
https://www.njg.co.jp/

印 刷／木元省美堂　製 本／若林製本

ISBN 978-4-534-06100-3　Printed in JAPAN